PALESTINA: LA EXISTENCIA NEGADA

ISBN: 979-13-990404-0-1
Depósito Legal: M-10509-2025

Teresa Aranguren

PALESTINA: LA EXISTENCIA NEGADA

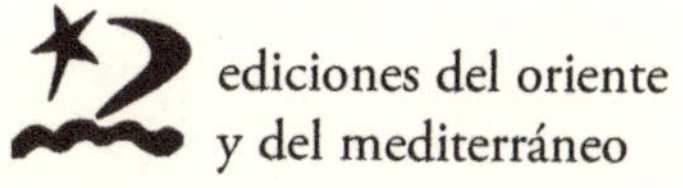
ediciones del oriente
y del mediterráneo

SUMARIO

A los más de doscientos periodistas palestinos, testigos de la barbarie, asesinados por el ejército israelí en Gaza. A su heroico empeño en contar lo que pasa.

Abril de 2025

INTRODUCCIÓN: MÁS ALLÁ DEL RELATO BÍBLICO.

Antes de ser problema, conflicto o reverso trágico del Estado de Israel, Palestina fue simplemente Palestina, lo cual es una obviedad, pero una obviedad silenciada y no por casualidad.

A comienzos del siglo XX, y sin que los habitantes de la zona tuvieran conocimiento de que sus vidas y su destino colectivo habían adquirido carácter problemático, Palestina se convirtió en «The Palestinian Question», el término que los ingleses acuñaron para dar envoltura burocrática y aséptica al proyecto sionista que había comenzado a gestarse en Europa a finales del XIX y que no solo diseñaba un futuro insospechado para la población árabe de Palestina, sino que también iba a desdibujar su pasado hasta convertirlo en mero preámbulo del Estado judío. El reclamo bíblico que, aunque los fundadores del sionismo eran laicos, estuvo siempre presente en su discurso, establecía, obviando la historia real de Palestina, una imaginaria línea de continuidad entre los tiempos bíblicos y el actual Estado de Israel. De modo que el pasado de esta región del Próximo Oriente, del que quedan abundantes testimonios desde tiempos prehistóricos, se ha visto reducido a los relatos bíblicos, la Historia Sagrada que se impartía en las clases de religión del viejo bachillerato y que, si bien es *sagrada* para muchos, desde luego *no es la Historia de Palestina.* De hecho, dista mucho de ser Historia, a no ser que incluyamos en tal categoría toda la variedad de narraciones mitológicas: babilónicas, griegas, hindúes, aztecas y tantas otras *historias sagradas* con las que los seres humanos han buscado entroncar su azarosa y efímera existencia con un origen trascendente y sobrenatural. Uno de los factores que sin duda facilitaron esta sustitución de la Historia de Palestina por la Historia Sagrada[1] es el hecho de que los mitos bíblicos sean también «los nuestros», los del Occidente cristiano. Al fin y al cabo, Yahveh, Abraham, Moisés, David son nombres familiares en el mundo occidental, más aún en el de raíz luterana y, por extensión, en todo el mundo protestante anglosajón. Con todo, la Historia de Palestina, cautiva del mito bíblico y oculta tras un velo tejido de silencios, olvidos, medias verdades o falsedades convenientemente publicitadas, ha quedado silenciada pero no borrada. Una de las condiciones del tiempo pasado es que *ya está cumplido y no se puede eliminar.* Se puede falsear, silenciar, ocultar, pero no borrar su rastro de los libros de historia, viajes, documentos, restos arqueológicos y, sobre todo, de la memoria, que, si bien es perecedera como los seres humanos, también es transmitible de padres a hijos y a los

1. Atención a las connotaciones de esta peligrosa combinación de términos que deberían ser antagónicos: «Historia», es decir, reconstrucción del pasado siguiendo un método de investigación con pretensión científica y, al mismo tiempo, «sagrada», es decir, terreno tabú, inapelable, inamovible, ahistórico.

hijos de los hijos. Así que dediquemos una somera mirada a esa historia:

Palestina ha sido el término con el que a lo largo de los siglos se ha designado un espacio claramente delimitado desde el punto de vista geográfico, histórico, cultural, sociológico, demográfico, administrativo y político. Entre el Mediterráneo y el Jordán, entre las montañas al norte de Galilea y el desierto de Neguev al sur, el territorio que en época del imperio romano se denominaba Palestina se corresponde al que en el siglo XVIII, y con el mismo nombre, formaba parte de la provincia siria del Imperio Otomano. Tierra de paso y cruce de civilizaciones, cargada de connotaciones religiosas e históricas para Oriente y Occidente, Palestina, además de todo eso, era la tierra donde vivían los palestinos.

¿QUIÉNES SON LOS PALESTINOS?

El pueblo de Palestina está inserto en el contexto histórico, lingüístico y cultural de lo que conocemos como el Creciente Fértil o, dicho en términos más recientes y eurocentristas, Oriente Próximo (próximo a Europa); una región de Asia enmarcada entre los dos grandes focos civilizatorios de la antigüedad: el sumerio-babilónico de Mesopotamia, el actual Irak, en los deltas de los ríos Tigris y Éufrates, y el Egipto de los faraones en el delta del Nilo. El bagaje histórico y cultural del que también los europeos somos herederos comenzó a gestarse hace milenios en el punto de confluencia de esas dos grandes civilizaciones del mundo antiguo.

Los palestinos son descendientes de los pueblos que desde tiempos prehistóricos se asentaron en la zona más occidental del Creciente Fértil y de los que fueron llegando a lo largo de los siglos como migraciones o junto a ejércitos de conquista: cananeos, jebuseos, gabaonitas, amorreos y otras tribus semitas seminómadas componen el primer sustrato de población asentada en la región hacia el siglo XX a. C.; ocho siglos después, XII a C, llegaron, unos del desierto y otros desde el mar, las tribus israelitas y los filisteos, que dan el nombre a la región: Falastín-Palestina. Para entonces las poblaciones que habitaban la zona habían desarrollado un modo de vida urbano con una estructura política del tipo ciudades-Estado, que podríamos definir como avanzado desde el punto de vista de civilización, pero débil en el ámbito militar.

La conquista de la Tierra de Canaán por las tribus israelitas se enmarca en la vieja lucha entre los nómadas del desierto y las culturas sedentarias más desarrolladas, pero carentes de la vitalidad y el empuje arrollador de los pueblos del desierto. Las ciudades cananeas fueron sucumbiendo una a una ante el ardor guerrero de los conquistadores. Pero su derrota, como tantas veces ha ocurrido en la historia, no fue total, los valores del conquistado impregnaron la vida del conquistador. Los relatos bíblicos reflejan bien esta contradicción, la imposición de la nueva fe, el culto a Yahveh, seña de identidad de las tribus israelitas, nunca termina de completarse, el becerro de oro que una y otra vez aparece como amenaza de contaminación frente a los esfuerzos purificadores, hoy los llamaríamos fundamentalistas, de los levitas, los sacerdotes de Yahveh, es la expresión de la permanente pugna entre los valores primitivos y austeros de un pueblo del desierto y los de una sociedad urbanizada, más exquisita y por ello también más decadente. Jerusalén, que se convertirá en el símbolo místico por excelencia de la tradición judía, era la ciudad de los jebuseos y ya se llamaba así cuando el rey David, con aguda visión política, la convirtió en capital de su reino. Durante el tiempo que duró el reino iniciado por David en el 1050 a. C. la pugna entre los viejos valores y creencias de la sociedad cananea y los conquistadores israelitas se mantuvo viva. El texto bíblico atribuye al rey Salomón, que se dejó seducir por la vieja cultura del país, restauró los antiguos lugares de culto a los dioses cananeos y se casó con mujeres extranjeras, el pecado que provocó el castigo de Yahveh y la descomposición del reino, que a su muerte se dividió en dos: Israel al norte y Judea al sur.

El reino de Israel fue conquistado por los asirios en el 721 a. C.; el de Judea por los babilonios en el 586 a. C.

Después, llegaron persas, griegos, romanos, bizantinos... El confín más oriental del Mediterráneo, el umbral por el que Oriente se asoma a Occidente, comparte el destino de las tierras que son a la vez frontera y camino, escenario del paso de ejércitos en campañas de expansión, invasiones y conquistas que van dejando su huella en el paisaje y en el alma de quienes lo habitan. Con todo, las sucesivas dominaciones, incluso las más sangrientas, que han jalonado la historia de la zona, nunca han supuesto un «borrón y cuenta nueva», los vestigios de lo antiguo no solo están en los estratos de las excavaciones arqueológicas, sino que siguen vivos en los usos, gestos, creencias, tradiciones... Esa pervivencia de lo antiguo junto a lo nuevo es una de las características identitarias de los pueblos de la región.

En el año 637 de nuestra era, Palestina fue conquistada por los ejércitos árabes musulmanes (la precisión es pertinente porque en toda la zona de Oriente Próximo había una población árabe preislámica), pero su llegada, como la de los conquistadores romanos, no supuso una trasformación demográfica sino cultural de la región. La sociedad palestina, que en esa época era predominantemente cristiana, se hizo predominantemente musulmana, aunque siguieron quedando comunidades cristianas y judías, el arameo, la lengua que hablaba Jesús, se fue perdiendo a favor del árabe, la población, fuese musulmana, cristiana o judía, *se arabizó* de manera mucho más profunda que en el caso, por ejemplo, de Al Ándalus, ya que conquistadores y conquistados pertenecían a tribus emparentadas y con una estructura social y familiar muy similar.

El proceso de arabización de las poblaciones de Oriente Próximo, como lo había sido la romanización de las poblaciones de Europa, comienza con una conquista militar y se asienta a lo largo de los años y los siglos en la lengua, la religión, el derecho, la administración, las modas artísticas, las costumbres, la estructura familiar... Ni siquiera la llegada de los conquistadores Cruzados (1099-1187 d. C.) consiguió trasformar la identidad social y cultural de la población de Palestina; de hecho, muchos de ellos terminaron arabizándose, y hoy es fácil reconocer en algunos pueblos de Jordania, Palestina y Siria, donde abundan los pelirrojos de piel pecosa, a los descendientes de los caballeros francos que llegaron como Cruzados para liberar Tierra Santa del dominio de los infieles.

En el año 1187 de nuestra era, con la reconquista de Jerusalén por Saladino, la aventura de los Cruzados llegaba a su fin. Aunque su agonía fue lenta, y aún se mantuvieron en algunos enclaves como el puerto fortaleza de San Juan de Acre durante casi un siglo.

La invasión de los Cruzados, que en un principio sorprendió desprevenidas a las poblaciones de la zona, es uno de los episodios más traumáticos de la historia de Palestina; la descripción de los ríos de sangre que bajaban por las calles de Jerusalén cuando las tropas de Godofredo de Bouillon conquistaron la ciudad está en los relatos que los niños árabes han estudiado y forma parte de lo que podríamos llamar memoria colectiva de las sociedades árabes, en especial del mundo árabe oriental, el Mashreq.

En contraste con la crueldad de los caballeros Cruzados, al menos de la gran mayoría de ellos, se alza la figura del sultán Saladino, que entró como conquistador en Jerusalén sin derramamiento de sangre y protegió los Lugares Santos del cristianismo, como la iglesia del Santo Sepulcro, para que, bajo dominio musulmán, siguieran siendo santos y cristianos. En los relatos de la época, no solo los islámicos, sino también los cristianos, la figura de Salah Ad Din, o Saladino, es descrita siempre en términos positivos, un héroe triunfador pero magnánimo con el vencido, modelo de caballero al estilo de los libros de caballería; de hecho, se supone que inspiró algunos de ellos. En el imaginario árabe, entre el mito, la leyenda y la historia, Saladino es el modelo de dirigente honesto, carismático y libertador que, sobre todo en épocas de incertidumbre y derrota, se recuerda y añora.

A la muerte de Saladino, le sucedió un periodo especialmente convulso marcado por los últimos intentos de los Cruzados de recuperar sus dominios, las luchas intestinas del sultanato ayubí, el paso de los mongoles y la toma de poder de los mamelucos de Egipto, que perduró de 1260 a 1517, cuando los turcos otomanos conquistaron Palestina. A partir de esa fecha, los territorios árabes del Oriente Próximo, así como amplias zonas de la Europa cristiana como los Balcanes, formaron parte del Imperio Otomano. Hasta la Primera Guerra Mundial.

Durante ese largo periodo de poder otomano, la población de Palestina no vio alteradas sus costumbres, estatus religioso, lengua e identidad árabe. De hecho, en contraste con la convulsa historia anterior, y especialmente en los dos primeros siglos, XVI y XVII, de dominio turco, tanto la población de Palestina como del resto de los territorios árabes bajo su dominio vivieron un periodo de estabilidad política y de cierto desarrollo social, se construyeron vías de comunicación, puentes, acueductos y cientos de edificios civiles, la muralla de Jerusalén, que sigue en pie prácticamente intacta en nuestros días, fue obra del más famoso de los sultanes otomanos, Solimán el Magnífico, que gobernó de 1520 a 1566.

Aunque los altos funcionarios de la Administración del imperio eran turcos, el resto de los cargos de nivel medio y sobre todo de ámbito regional se reclutaban entre las élites locales; muchos de los «notables» palestinos, no solo musulmanes, también cristianos y judíos, ocuparon cargos de gobernadores, jueces o recaudadores de impuestos para un imperio que se definía como multiétnico, multilingüístico y multiconfesional. Sin embargo, esa estructura económica semifeudal con su red de vasallajes y lealtades comenzó a resquebrajarse en el momento en el que entró en contacto con los florecientes mercados y el despegue de la economía capitalista en la Europa Occidental.

Hasta mediados del siglo XIX gran parte de la tierra cultivada en Palestina era comunal y existían mecanismos como el *musha'a,* sistema rotativo que otorgaba por turnos el cultivo de una determinada parcela del terreno común a cada una de las familias del lugar, asegurando así la supervivencia de los campesinos más pobres. Pero este sistema, que suponía un importante factor de cohesión social en el área rural, era un obstáculo a la introducción del cultivo agrícola intensivo que los mercados globales reclamaban y a las aspiraciones modernizadoras del último sultán otomano. En la década de 1880, una serie de normas fiscales y medidas legislativas sobre la propiedad de la tierra permitieron a la Administración otomana requisar las tierras de los propietarios árabes que no podían pagar los abusivos impuestos o suministrar al sultán los efectivos militares que solicitaba. El declive del Imperio, su agónico esfuerzo modernizador, se tradujo en deterioro de las condiciones de vida de sus súbditos y en el surgimiento de movimientos de protesta y rebeldía. Es en este clima de crisis y malestar creciente cuando las aspiraciones emancipadoras de las poblaciones árabes bajo dominio turco toman la forma de lucha nacional «panárabe» en la que se inscribe el movimiento nacional palestino.

Pero también en estas fechas, dos fenómenos de corte estrictamente europeo marcarán el destino de toda la región: uno es el colonialismo; las dos grandes potencias coloniales del momento, Francia y especialmente Inglaterra, compiten por ampliar sus áreas de influencia y entran con fuerza en la escena de Oriente Próximo; el otro, el movimiento sionista, fundado por el periodista vienés Teodor Herzl en la década de los 80 del siglo XIX. En esos años el mundo aún se dividía en dos grandes imperios, el Austrohúngaro y el Otomano, ambos iban a desaparecer muy pronto en el marco de la Gran Guerra que iba a asolar Europa y transformar el mundo. Para la población de Palestina un insospechado y dramático destino se estaba gestando.

El conflicto de Oriente Próximo acababa de empezar.

EL BULO DE LA TIERRA VACÍA

Grabaré todo lo que me cuenta el sol
y lo que me susurra la luna
y lo que me cuenta una alondra
junto al pozo que los amantes abandonaron.
Para recordar
seguiré sin descanso grabando
todos los capítulos de mi tragedia
y todas las etapas del desastre
desde el principio hasta el fin.
Allá, en un olivo
en el patio de mi casa

Tawfiq Zayyad[2]

En las últimas décadas del siglo XIX, la vida en las zonas rurales de Palestina se regía aún por el paso de las estaciones y por costumbres trasmitidas desde generaciones. Los más ancianos y las familias más influyentes elegían al *mujtar*, especie de portavoz y líder de la comunidad que se encargaba de organizar los trabajos agrícolas, dirimir las disputas familiares, hacer los honores a las visitas de importancia y ofrecer hospitalidad a los forasteros. La principal virtud que se esperaba del *mujtar* era la templanza y la capacidad para conciliar y solucio-

2. Fragmento del poema «En el tronco de un olivo», de Tawfiq Zayyad, *Ammán en septiembre y otros poemas*, traducción de María Rosa de Madariaga. Madrid: Ed Hiperión, 1979.

nar rencillas, evitando las *vendettas* y los brotes de violencia. La cohesión de la estructura familiar constituía el eje de una sociedad campesina relativamente autosuficiente en el sentido económico, pero cerrada en sí misma e indefensa por tanto frente a las complicadas maniobras de la política colonial. Con todo, en el ámbito urbano afloraba ya una clase media acomodada que enviaba a sus hijos a estudiar a Europa y reclamaba la modernización del país. El sentimiento nacionalista que en esos años empieza a tomar fuerza en Palestina va indefectiblemente ligado a ese impulso trasformador que se podría calificar de «progresista» frente al conservadurismo de las estructuras tradicionales.

Mientras, en Europa, y casi simultáneamente al despertar del nacionalismo árabe, el movimiento sionista daba sus primeros pasos en busca de apoyos a su proyecto, que en esa época aún no tenía demasiados adeptos entre sus correligionarios. Es en esas fechas cuando un judío británico, Israel Zangwill, lanzó el eslogan *«Una tierra sin pueblo para un pueblo sin tierra»*, que muy pronto se convirtió en una especie de carta de presentación del movimiento. Fue un eslogan de éxito, la prueba es que casi todos lo conocemos, y aún sigue siendo muy eficaz a la hora de «borrar» la realidad de Palestina, la que existió y la que existe, de la conciencia de la opinión pública de Occidente. El problema es que era también una gran mentira.

En 1875 dos viajeros españoles, José María Fernández Sánchez y Francisco Freire Ferrero, catedráticos ambos de la Universidad de Santiago de Compostela, tras un recorrido por Tierra Santa, describían así la región de Jaffa:

> Existen extensos bosques de granados, naranjos, limoneros, manzanos, cañas de azúcar y palmeras. Sus preciosos jardines tienen gran variedad de plantas, huertos con toda clase de legumbres y hortalizas, regados todos con agua sacada de multitud de norias ... Posee unos extraordinarios jardines que posiblemente dan las primeras naranjas del mundo ... Son los mejores naranjales del mundo.

Y de Acre:

> El camino de Acre al Monte Carmel es un paisaje indeciblemente poético. Árboles de verdor especial. Alrededor del golfo hay una vegetación de carácter verdaderamente tropical. Higueras, chumberas, naranjos, granados, olivos...

Y de Belén:

> ... el paisaje se va haciendo cada vez más encantador: campiñas y montes con vegetación. Los campos próximos a la ciudad están regularmente cultivados. Su vino es sumamente grato y de lo mejor de Palestina[3].

3. José María Fernández Sánchez y Francisco Freire Barreiro, *Santiago, Jerusalén, Roma: Diario de una peregrinación a estos y otros Santos Lugares en el año del jubileo universal de 1875*, cit. en Pedro Martínez Montávez, *Pensando en la historia de los árabes*. Madrid: Ed Cantarabia, 1995, pp. 416, 417, 419.

En 1891, el escritor Arthur Ginsberg, judío ruso de Odesa, que solía firmar con el seudónimo de Ahad Ha'am, realizó un viaje por Palestina tras el cual escribió el artículo «Verdad de la Tierra de Israel». Su descripción de esa tierra que, precisamente en esas fechas comenzó a ser catalogada de «sin pueblo», es muy ilustrativa:

> Tenemos la costumbre de creer, los que vivimos fuera de Israel, que allí la tierra es ahora casi completamente desértica, árida e incultivada y que cualquiera que quiera adquirir tierras allí puede hacerlo sin ningún inconveniente. Pero la verdad es muy otra. En todo el país es difícil encontrar campos cultivables que no estén ya cultivados, solo los campos de arena o las montañas de piedras que no sirven para plantaciones permanecen sin cultivar … Si llegase el día en el que la implantación de nuestro pueblo en el país de Israel se desarrollase hasta el punto de que hiciera retroceder, aunque solo fuera un poquito, a la gente del país, esta gente no abandonaría la tierra tan fácilmente[4].

Los dos grandes mitos inaugurales del sionismo, la tierra vacía, y el desierto hecho florecer, son fácilmente desmontables, pero han sido muy eficaces a la hora de borrar la existencia del pueblo de Palestina. A veces la propaganda es más eficaz que los datos y los hechos, sobre todo si cuenta a su

---

4. Ehad Ha'am, *Verdad de la Tierra de Israel,* 1891, cit. en Ilan Halevi, *Palestina bajo Israel.* San Sebastián: Erein Argitaletxea, 1979, p. 124.

favor con los intereses de los poderosos y con el caldo de cultivo de los prejuicios, los estereotipos y el racismo inherente al pensamiento colonial, que perdura, aunque ya no tenga colonias, en Occidente. Palestina no era un territorio yermo esperando la llegada de colonos extranjeros que lo hicieran florecer. Como en otras regiones de la cuenca mediterránea, había zonas desérticas y semidesérticas y zonas de cultivo muy fértiles laboriosamente trabajadas por campesinos asentados allí desde generaciones. El desierto por lo demás es muy terco y sigue siendo desierto.

Los primeros asentamientos del movimiento sionista se establecieron en la década de 1880, en la llanura costera al norte de Jaffa, en tierras adquiridas por el barón Egmond Rothschild, figura clave en la financiación y promoción del proyecto en aquellos primeros años.

Palestina no estaba cerrada al contacto con extranjeros, al fin y al cabo, era Tierra Santa, y la llegada de peregrinos era un fenómeno habitual que contribuía al desarrollo económico y comercial de la región. Algunos de aquellos devotos peregrinos, como los alemanes de las sociedades templarias o la colonia americana de Jerusalén, se asentaron de modo permanente en la zona y llegaron a formar parte de las élites culturales de la sociedad palestina de entonces. Especialmente significativo es el caso del hotel American Colony, en la parte oriental de Jerusalén, un magnífico edificio de la época otomana donde se asienta el más encantador y lujoso hotel de la Jerusalén árabe. Contrariamente a lo que su nombre parece sugerir, el American Colony no tiene nada que ver con la política colonial ni con el papel que Estados Unidos representa en la zona. Se llama así porque fue la sede de una colonia de devotos cristianos que a mediados del XIX se instaló en Tierra Santa. La colonia la iniciaron dos familias de Chicago a las que luego se sumaron otras suecas que llegaron a Jerusalén dispuestas a vivir una nueva vida. Con el dinero común compraron un hermoso palacio rodeado de jardines y huertos muy cerca de las murallas de la Ciudad Vieja y crearon una especia de comuna con cierto espíritu misionero que se integró muy pronto en la vida local y pasó a formar parte de la intrahistoria de la ciudad. The American Colony, la colonia americana, fue uno de los referentes de la vida social y cultural de la burguesía palestina en los cruciales años del Mandato Británico y aún hoy, ya convertido en hotel de lujo, en cierta medida, lo sigue siendo. A lo largo de los años, incluso en momentos especialmente duros, el American Colony ha sido el punto de encuentro de los dirigentes palestinos con la prensa internacional.

La diferencia fundamental entre aquellos emigrantes y los colonos sionistas estriba en que estos últimos no solo buscaban una vida mejor, el sueño de todo emigrante, sino que traían consigo un proyecto de «construcción nacional» que conllevaba la desposesión de los habitantes del país. El objetivo final de la colonización sionista de Palestina no era el sometimiento y el control político y económico de la población autóctona sino su sustitución por otra.

Con la segunda *aliya*[5] que llega a Palestina ya entrado el siglo XX, la política de exclusión de la población local se afianza hasta convertirse en uno de los pilares del avance sionista. La primera cláusula que figuraba en el contrato por el que el Fondo Nacional Judío adjudicaba tierras a una familia de nuevos colonos, era que solo podían utilizar «trabajo judío»:

> El arrendatario se compromete a ejecutar cualquier trabajo relacionado con el cultivo de la propiedad usando mano de obra exclusivamente judía ... el contrato también dispone que la tierra no podrá ser concedida ni legada a alguien no judío[6].

Esto significaba la expulsión de los campesinos árabes que cultivaban esas tierras desde generaciones en régimen de aparcería. Los primeros choques, aún esporádicos, de los nuevos colonos y la población local, se producen cuando los campesinos recién expulsados de sus aldeas intentan volver a sus labranzas o a recoger las cosechas y se enfrentan con milicias armadas defendiendo el asentamiento.

Eran los años previos a la Primera Guerra Mundial, y toda la región vivía inmersa en un clima

5. *Aliya,* en hebreo «ascenso», en referencia a la llegada en oleadas de emigrantes judíos a Palestina.

6. Sir John Hope Simpson, *Report on Immigration, Land Settlement and Development in Palestine,* 1930, cit. en Ferrán Izquierdo Brich, *La cuestión oculta.* Madrid: Bósforo Libros, 2011, p. 74.

de agitación política frente al dominio turco. En Palestina a ello se sumaban las protestas de quienes acusaban a la administración otomana de pasividad ante el avance de los sionistas. En los meses previos al estallido de la guerra, periódicos como *Falastín*, *Al Karmel* o *Al Iqdam* lanzaron una campaña de denuncia del sionismo:

> Los sionistas quieren adueñarse de Palestina, es decir, del corazón de los países árabes. … Si quieres matar a una nación córtale la lengua y ocupa su territorio; esto es lo que los sionistas pretenden hacer con la nación árabe,

decía el intelectual palestino Jalil Sakakini, en una entrevista en el diario *Al Iqdam* en marzo de 1914[7].

Así se llegó a la Gran Guerra, que significó el fin del Imperio Otomano y la entrada en escena de Francia y Gran Bretaña, las potencias coloniales que llevaban tiempo tratando de afianzar su influencia en la región. Thomas Edward Lawrence, Lawrence de Arabia para la historia y el cine, el agente inglés que hablaba árabe, y se puede decir que apreciaba y respetaba a los árabes, tenía como misión organizar la revuelta de estos contra los turcos y sobre todo afianzar los lazos de dependencia y lealtad entre los jeques árabes y el gobierno de Su Majestad Británica. Así, a lo largo de 1915

7. Jalil Sakakini, miembro de una prominente familia cristiana palestina, fue uno de los fundadores de la Escuela Constitucional de Jerusalén y figura destacada, como muchos otros intelectuales cristianos, del Movimiento Nacional Árabe.

y 1916, el Alto Comisionado británico en Egipto, Sir Henry McMahon, y Hussein, Jerife de la Meca, intercambiaron una serie de cartas en las que el Gobierno Británico se comprometía a reconocer y apoyar la independencia de las provincias sirias del Imperio Otomano a cambio de que el Jerife Hussein se declarase en guerra contra los turcos. Los árabes lucharon del lado de los Aliados, confiados en que, una vez concluida la contienda, accederían a la independencia. Pero al mismo tiempo que McMahon se comprometía con el Jerife Hussein, el Gobierno británico negociaba en secreto con su homólogo francés el reparto de los territorios árabes del Imperio Otomano. El acuerdo firmado en 1916 con el nombre de los diplomáticos que lo sellaron, Sykes y Picot, adjudicaba a Francia el territorio de la actual Siria y Líbano; Irak, Transjordania (la actual Jordania) y Palestina quedarían bajo control británico. El reparto se negoció en secreto, pero, tras la revolución del 17 y la retirada de Rusia de la guerra, los dirigentes bolcheviques sacaron a la luz los acuerdos de Sykes-Picot como prueba de las malévolas intenciones de los países capitalistas. En el mundo árabe este descubrimiento significó un auténtico trauma político. En el caso de Palestina la decepción iba a ser mucho más grave.

En noviembre de 1917, Sir Arthur James Balfour, ministro de exteriores de Su Majestad británica, en carta dirigida al barón Lionel Walter Rothschild prometió el apoyo de Gran Bretaña al proyecto de crear un Hogar Nacional Judío en Palestina. La famosa Declaración Balfour fue en principio una simple misiva de carácter confidencial sin validez legal alguna. Pero la legalidad y, menos aún, los deseos y derechos de la población palestina no iban a ser un obstáculo para los intereses coloniales del Imperio Británico. Con una mezcla de sinceridad y cinismo, Lord Balfour lo expresaba claramente:

> En Palestina ni siquiera nos proponemos pasar por la formalidad de consultar los deseos de los habitantes del país. Las cuatro grandes potencias están comprometidas con el sionismo, y el sionismo, correcto o incorrecto, bueno o malo, está anclado en antiquísimas tradiciones, en necesidades actuales y en esperanzas futuras de mucha mayor importancia que las aspiraciones de los 700 000 árabes que habitan esta antigua tierra[8].

El 9 de diciembre de 1917, tras la rendición de las tropas turcas, el ejército británico, al mando del general Allenby, entró en Jerusalén. Palestina quedó bajo control militar británico hasta que en julio de 1922 la Sociedad de Naciones estableció el Mandato de Gran Bretaña sobre Palestina en el que se incluía el compromiso de la potencia mandataria con la Declaración Balfour, es decir, con la creación de un Hogar Nacional Judío en Palestina. En esa época, según el censo de 1922 realizado por la Administración británica, la población de Palestina era de 762 000 habitantes, de los cuales

---

8. Gobierno de Palestina. *Survey of Palestine,* cit. por Henry Cattan en *Palestina, los árabes e Israel.* México: Siglo XXI editores, 1971 p. 37.

el 76,9% eran musulmanes, el 11,6% cristianos, el 10,6% judíos y el 0,9% de otras confesiones. En cuanto a la propiedad de la tierra, solo el 2,4% de la superficie total del país estaba en manos del movimiento sionista[9].

En realidad, la estructura social y demográfica de la sociedad palestina del primer tercio del siglo XX no era muy distinta de la de otras zonas de la cuenca mediterránea, como Grecia, sur de Italia o la Península Ibérica. Era una sociedad básicamente agrícola y tradicional, pero para nada uniforme o monolítica, sino, como todo fenómeno humano, compleja y diversa. Había ricos y pobres, campesinos y comerciantes, musulmanes, cristianos, judíos, intelectuales y hombres de negocios, alta burguesía y clase media, y escuelas donde los hijos de la burguesía y de la clase media estudiaban en inglés y en francés, y varios periódicos y asociaciones de mujeres que apuntaban algo parecido a una reivindicación feminista, una liga de fútbol y recursos agrícolas que ya en esos años le permitían exportar un volumen de cítricos superior al que en esa época exportaba, por ejemplo, California. Palestina no era un desierto social, ni cultural, ni político, ni físico cuando, bajo Mandato Británico, la tierra comenzó a deslizarse bajo los pies de sus habitantes.

9. *Documents on British Foreign Policy 1919-1939*, Sir Arthur James Balfour, cit. por Henry Cattan, *op cit.*, p. 27.

LA REVUELTA PALESTINA

Al amparo de la Administración británica, la colonización sionista se hizo masiva y sistemática. Y la protesta de la población se generalizó. Con todo, los dirigentes del Comité Árabe que encabezó las protestas, muchos de los cuales habían estudiado en colegios de Londres y sentían admiración por «lo británico», no cejaron en su empeño de convencer al gobierno de su Majestad de lo justo de sus reclamaciones y el peligro que su apoyo al avance sionista representaba para la estabilidad de la región. En carta enviada en 1921 al entonces secretario para Asuntos Coloniales, Sir Winston Churchill, el Comité Árabe describía así la situación:

> El grave y creciente malestar entre la población palestina proviene de su convicción absoluta de que la actual política del Gobierno británico se propone expulsarlos de su país con el fin de convertirlo en un Estado nacional para los inmigrantes judíos ... La Declaración Balfour fue hecha sin consultarnos y no podemos aceptar que ella decida nuestro destino[10].

En agosto de 1929 se produjeron violentos enfrentamientos entre musulmanes y judíos en la ciudad vieja de Jerusalén y en Hebrón, donde cerca

---

10. Carta a Churchill de la Delegación Árabe que viajó a Londres para oponerse a la inclusión de la Declaración Balfour en las condiciones del Mandato británico sobre Palestina, 24 octubre 1921, cit. en A.W. Kayyali, *Palestina, Una Historia Moderna,* Madrid: Bósforo libros, p. 126.

de ochenta personas fueron asesinadas en el barrio judío. Durante los disturbios murieron 133 judíos y 116 árabes. Hubo casi mil detenidos y veintiséis (25 árabes y 1 judío) condenados a muerte.

Los años 30 fueron años de lucha, represión y constante agitación social. En 1936 el Alto Comité Árabe convocó una huelga general que paralizó la actividad económica y comercial en toda Palestina. El paro duró seis meses y desembocó en un levantamiento armado que los británicos, en cuyas filas se habían encuadrado algunas de las organizaciones armadas sionistas, reprimieron con extrema dureza; más de 5000 muertos, decenas de dirigentes del levantamiento ajusticiados en la horca y 2000 casas destruidas.

En la memoria palestina, la revuelta del 36, que duró, como la guerra civil española, hasta 1939, fue su primera Intifada. Terminó con un trágico balance de muerte y destrucción, pero también con lo que parecía un logro político: el Gobierno Británico tomaba en consideración las protestas y temores de la población árabe de Palestina y se comprometía a ajustar la llegada de emigrantes a las capacidades demográficas del país. El Libro Blanco, el documento que selló este compromiso, proponía celebrar un referéndum de autodeterminación en Palestina en un plazo máximo de diez años. Esta promesa afectaba de lleno a la empresa sionista; en esos años, y tras dos décadas de emigración masiva, la presencia judía en Palestina aún no alcanzaba el 30% del total de la población. Además, la adquisición de tierras por el Fondo Nacional Judío estaba estancada desde comienzos de la década; por muy ventajosas que fuesen, y lo eran de sobra, las ofertas de compra, la mayoría de los propietarios palestinos ya no vendían sus tierras.

En 1940, Yosef Weitz, director del Fondo Nacional Judío, escribía:

> La empresa sionista ha hecho un buen trabajo con la adquisición de tierras. Pero así nunca conseguiremos contar con un Estado. El Estado se nos tiene que dar de una sola vez como la salvación (¿no es ese el secreto de la idea mesiánica?). No existe otra forma que desplazar a los árabes, a todos los árabes. Quizá con la sola excepción de Belén, Nazaret y la ciudad vieja de Jerusalén, no debemos dejar ni un solo poblado, ni una sola tribu. Todos deben poner rumbo a Siria y a Irak, incluso a Transjordania[11].

El Fondo Nacional Judío especificaba en sus estatutos que en todo contrato de compraventa *la tierra debe ser entregada libre de ocupantes.*

Entretanto, en Europa comenzaba a librarse la guerra más atroz. Miles de judíos europeos que huían de la persecución nazi se vieron forzados a emigrar a Palestina ante la negativa de Estados Unidos a recibirlos y la imposibilidad de buscar refugio en otros países de una Europa ocupada por el ejército nazi. Todo el esfuerzo de la potencia mandataria estaba concentrado en la guerra. El des-

11. Jossef Weitz, *Diario,* 1940, cit. en Ilan Halevi, *op. cit.,* p. 165.

tino de la población de Palestina era la última de las preocupaciones del gobierno británico.

Terminada la contienda, las auténticas dimensiones del horror nazi quedaron al descubierto. El exterminio de los judíos europeos golpeó la conciencia occidental y la de quienes, en Europa, mientras se perpetraba el crimen, no sabían, no quisieron saber o simplemente callaron sabiendo. La mala conciencia se descarga fácilmente sobre las espaldas de otro.

El giro en la política del Mandato, que al fin había aceptado algunas de las reclamaciones árabes, provocó reacciones airadas en el seno del sionismo hasta el punto de que los grupos más extremistas como el Irgun y el Stern se declararon en guerra contra los británicos y desencadenaron una oleada de acciones terroristas. En julio de 1946 el Irgun llevó a cabo la voladura del Hotel King David, sede de la Administración Británica, noventa y un empleados murieron en el atentado. Seis meses después Gran Bretaña renunció al Mandato sobre Palestina y delegó sus responsabilidades en las recién creadas Naciones Unidas. Las promesas reflejadas en el Libro Blanco no iban a cumplirse nunca.

LA PARTICIÓN

El 29 de noviembre de 1947, la Asamblea General de Naciones Unidas aprobó la resolución 181 que recomienda la división del territorio de Palestina en dos Estados, uno árabe y otro judío. Hubo 33 votos a favor, 13 en contra y 10 abstenciones. Gran Bretaña se abstuvo en la votación. Los países árabes rechazaron la resolución alegando que violaba el derecho de autodeterminación de los pueblos recogido en el artículo 1º de la Carta de Naciones Unidas. El plan otorgaba el 57% del territorio al futuro Estado judío y un 43% al Estado árabe, Jerusalén quedaba al margen, con un estatuto internacional. La población de Palestina en ese momento era de 1972000 habitantes de los cuales 608000, una tercera parte, eran judíos. El 47,7% de las tierras eran propiedad privada árabe, un 6,6% era propiedad judía, el 46% restante eran tierras árabes comunales y públicas. En el territorio asignado al Estado judío había 272 localidades árabes y una población de 509780 árabes y 499000 judíos[12].

Pese al júbilo inicial por la aprobación de la resolución que legitimaba su proyecto de Estado judío, los dirigentes sionistas eran muy conscientes de que sin la mayoría demográfica y sin la propiedad de la tierra, dicho Estado no sería posible. La resolución de partición de Palestina llevaba el germen de la limpieza étnica que vino después.

12. Acta de la Comisión *ad hoc* para Palestina de Naciones Unidas, cit. en Henry Cattan, *Palestina, los árabes e Israel, op. cit*, pp. 37, 47, 48.

NAKBA

¿Adónde iremos después de la última frontera?
¿Dónde volarán los pájaros después del último cielo?
¿Dónde dormirán las plantas después del último aire?
Escribiremos nuestro nombre con vapor teñido de carmesí.
Cortaremos la mano al canto para que lo complete
nuestra carne.
Aquí moriremos. Aquí, en el último pasaje.
Aquí o ahí... nuestra sangre plantará sus olivos.

Mahmud Darwish[13]

Las primeras operaciones militares para «vaciar» el territorio de su población árabe comenzaron en diciembre de 1947, apenas una semana después de la aprobación de la resolución de Partición de Palestina. Todos los grupos armados del movimiento sionista, desde los más extremos como el Irgun y el Stern, considerados en esa época «grupos terroristas» por los británicos, hasta el Haganah y el Palmach, embriones del futuro ejército israelí, participaron en la campaña de «limpieza del territorio» que, pese a sus implicaciones legales y éticas,

13. Fragmento del poema «La tierra se estrecha para nosotros», Mahmud Darwish, *Menos Rosas,* traducción de María Luisa Prieto. Madrid: Hiperión, 2001.

se presentaba como imprescindible para la creación del Estado judío.

La idea, muy extendida en la opinión pública occidental, de que la huida en masa de la población palestina de sus hogares y sus tierras fue consecuencia del caos generado por la primera guerra árabe-israelí, no se corresponde con los datos y los hechos ocurridos mucho antes de que ningún ejército árabe hubiera entrado en Palestina De hecho, más de 300 000 personas habían sido ya expulsadas de sus tierras cuando, el 15 de mayo de 1948, Ben Gurión proclamó el Estado de Israel; al día siguiente, los Estados árabes vecinos le declararon la guerra.

Todo lo sucedido en Palestina desde diciembre de 1947 y a lo largo de todo el 1948, está muy bien documentado, sabemos las fechas, los lugares y la autoría de las llamadas «operaciones de limpieza», gracias a la excelente labor de historiadores y académicos árabes, como Walid Khalidi, Henry Cattan, Bichara Khader o Nur Masalha, y de israelíes como Benny Morris, Ilan Pappé, Raz Segal o Tom Segev. Todo lo ocurrido en Palestina entonces está muy bien documentado, pero está más eficazmente silenciado.

El 10 de marzo de 1948, la cúpula sionista con Ben Gurión a la cabeza dio luz verde al llamado Plan Dalet que entre otras cosas diseñaba la estrategia militar a seguir en las operaciones de vaciado de población. El plan pretendía unificar criterios y dar cobertura oficial a las operaciones que de forma más o menos espontánea ya se estaban llevando a cabo.

Entre las recomendaciones del plan figura el siguiente párrafo:

> Estas operaciones pueden llevarse a cabo de la siguiente manera: ya sea destruyendo las aldeas (prendiéndolas fuego, volándolas y poniendo minas entre los escombros) y en especial aquellos asentamientos que resulta difícil controlar de forma constante; o bien organizando operaciones de peinado y control según estas directrices: se rodea las aldeas, se realiza una búsqueda dentro de ellas. En caso de resistencia, los efectivos armados deben ser liquidados y la población expulsada fuera de las fronteras del Estado[14].

Entre los muchos episodios sangrientos que en esos meses convulsionaron la vida en Palestina, ocupa lugar determinante lo ocurrido en una pequeña localidad cercana a Jerusalén de la que ya no queda ningún resto, pero que entonces era la aldea de Deir Yassin. La aldea no tenía un perfil beligerante, sus algo más de cuatrocientos habitantes eran campesinos que trataban de mantenerse al margen de los enfrentamientos, incluso habían firmado un pacto de no agresión con las colonias vecinas, pero Deir Yassin estaba en el centro de las vías de comunicación entre Jerusalén y Tel Aviv lo que la convertía en objetivo prioritario de la limpieza étnica. El 9 de abril de 1948, los grupos armados Irgun y Stern, entre cuyos dirigentes figuraban dos futuros

14. Ilan Pappé, *La limpieza étnica de Palestina.* Barcelona: Ed Crítica, 2008, p. 67.

primeros ministros de Israel, Menahen Beguin y Yitzak Shamir, llevaron a cabo la matanza de los habitantes de Deir Yassin. El delegado de Cruz Roja en la zona, Jacques Reynier, fue la primera persona en llegar al lugar cuando las milicias del Irgun aún estaban allí. En su libro *Á Jerusalem un drapeau flottait sur la ligne de feu* lo describe así:

> Me abrí paso entre ellos y entré en una casa. La primera habitación estaba a oscuras con todo en desorden, pero no se veía a nadie, en la habitación contigua encontré bajo los muebles y los colchones reventados varios cadáveres ya fríos. La operación de limpieza la habían hecho primero con ametralladoras, después con granadas y finalmente con los machetes sin ninguna preocupación porque no se descubriese. La misma escena encontramos en la siguiente habitación, pero en el momento en el que iba a salir escuché lo que parecía un suspiro. Removí los cadáveres hasta que toqué un pequeño pie que aún estaba caliente. Era una niña de diez años, estaba malherida por una granada, pero aún viva. La cogí en brazos y salí con mi preciado fardo … Revisamos las otras casas y en todas encontramos el mismo espeluznante escenario. Solo encontramos otras dos personas vivas, dos mujeres, una de ellas una anciana acurrucada entre los fogones, llevaba horas escondida allí[15].

15. Jacques Reynier, *À Jérusalem un drapeau flottait sur la ligne de feu*, cit. en David Hirst, *The Gun and the olive Branch.* London: Faber&Faber, 2003, pp. 252-253.

El número de víctimas de la matanza oscila, según las fuentes, entre 250 y 120 muertos, pero no es tanto su número sino el hecho de que en su mayoría las víctimas fueron ancianos, mujeres y niños, incluidos varios bebés, lo que amplificó el eco que tuvo entre la población palestina. De hecho, se convirtió en un elemento de la estrategia militar de las milicias sionistas para conseguir la evacuación «espontánea» de la población árabe de las zonas rurales de Palestina. Un patrón que se repitió con asiduidad fue el de rodear las aldeas y emitir a través de altavoces un *mensaje* a sus habitantes: «O abandonáis el pueblo u os pasará lo de Deir Yassin».

Según el historiador israelí Benny Morris,

> para primeros de abril, ya estaba claro que la política de expulsión masiva a nivel local y nacional era la norma … Siguiendo las recomendaciones del plan Dalet, la limpieza de las localidades árabes se institucionalizó[16].

Morris, que se define a sí mismo como sionista y suele justificar las atrocidades cometidas en aquellos meses como un mal necesario para la consecución del Estado judío, es también un riguroso historiador que da cuenta de todas y cada una de las operaciones de expulsión de la población palestina, llevadas a cabo por las milicias —convertidas luego en el ejército israelí— desde diciembre de 1947 y

---

16. Benny Morris, *The Birth of the Palestinian refugee problem, 1947-1949*, Cambridge: Cambridge Middle East Library, 1987, p. 64.

a lo largo de 1948. El tiempo que los árabes llaman Al-Nakba, la catástrofe.

El 14 de mayo de 1948, el ejército británico abandonó Palestina; el 15 de mayo, Ben Gurión proclamó el Estado de Israel, y al día siguiente cuatro países árabes, Jordania, Líbano, Siria e Irak, le declararon la guerra. David contra Goliat, esa es la imagen que se proyectó al mundo, pero la imagen era engañosa: los ejércitos árabes contaban con veinte mil soldados, muchos de ellos voluntarios sin experiencia militar alguna, y carecían de organización y un mando unificado; las fuerzas israelíes tenían una excelente preparación militar, muy buen armamento y un número muy superior de combatientes, «solo la Haganah contaba con más de cincuenta mil efectivos, la mitad de los cuales habían sido entrenados por los británicos»[17], explica el historiador israelí Ilan Pappe. En realidad, tanto Ben Gurión, como su círculo de dirigentes del nuevo Estado, sabían que las condiciones del denominado Ejército de Liberación Árabe eran pésimas y contaban con información privilegiada de los servicios secretos estadounidenses y británicos que descartaba cualquier riesgo existencial para el recién creado Estado. De hecho, con la guerra ya en marcha, el objetivo prioritario siguió siendo «la limpieza del territorio», y se sucedieron las operaciones de expulsión de manera mucho más sistemática que las realizadas antes de la declaración de

17. Ilan Pappé, *La limpieza étnica de Palestina, op. cit.*, p. 127.

guerra. Entre ellas figura el desalojo y destrucción de todas las localidades costeras desde Jaffa a Haifa, que se encargó a la Brigada Alexandroni. Una de aquellas localidades era Tantura, un pueblo de pescadores y también residencia veraniega de familias de la clase media palestina, donde tuvo lugar una de las peores matanzas de esa campaña. Varios centenares de varones, entre los 10 y 70 años, fueron asesinados con disparos de ametralladora y hasta con lanzallamas en una atroz orgía de sangre que se trató de ocultar durante años, pero que salió a la luz gracias a la labor de un estudiante israelí de la Universidad de Haifa, Teddy Katz, quien, en 1999, tras entrevistar a muchos miembros de la brigada que había llevado a cabo «la operación de limpieza» en Tantura, realizó su tesis doctoral sobre el tema. El gobierno israelí prohibió la difusión de la tesis de Katz, que fue llevado a juicio y vio como su vida académica y hasta personal quedaba hundida. Pero, a veces, la verdad termina saliendo a la luz, más de veinte años después, en 2022, el cineasta israelí Alon Schwarz, tomando como base el material grabado y celosamente guardado por Teddy Katz, realizó el estremecedor documental *Tantura* sobre lo ocurrido a finales de mayo de 1948 en esta aldea de la costa mediterránea.

Ante las alarmantes noticias que llegaban a la prensa occidental, Naciones Unidas decidió mandar, como enviado especial, al aristócrata sueco, Folke Bernadotte, para investigar los hechos. Bernadotte, había sido director de la Cruz Roja sueca y era un hombre muy respetado en Europa, llegó a la zona el 20 de mayo de 1948, cinco días después de la proclamación del Estado de Israel y cuando las operaciones de la brigada Alexandroni en la región costera estaban en pleno apogeo, de hecho, dos días después de su llegada tuvo lugar la matanza de Tantura.

Bernadotte estuvo casi tres meses, hasta mediados de septiembre, recorriendo la zona y recabando testimonios antes de redactar un informe que resultaba demoledor para el recién creado gobierno israelí:

> Numerosos informes de fuentes fiables hablan de robos, pillaje, saqueos a gran escala y casos de destrucción de aldeas sin aparente necesidad militar. La responsabilidad del gobierno provisional israelí de devolver la propiedad privada a sus dueños árabes y de indemnizar a esos dueños por la propiedad destruida desenfrenadamente es clara[18].

El informe establecía que era preciso exigir a Israel el regreso de los refugiados, la restitución de sus propiedades y la compensación por los bienes perdidos.

El 17 de septiembre de 1948, al día siguiente de haber entregado y firmado su informe, Bernadotte fue asesinado en una calle de Jerusalén, junto al observador de Naciones Unidas, André Serot,

18. Documentos de Naciones Unidas A/648.16 de septiembre de 1948, cit. en Henry Cattan, *Palestina, los árabes e Israel, op. cit.*, p. 64.

por dos pistoleros del Irgun. Pero su informe fue la base para la aprobación, en diciembre de 1948, de la resolución 194 de Naciones Unidas que establece el derecho de todos los refugiados palestinos a regresar a sus hogares y ser indemnizados por los bienes perdidos. Días después, y también en base al informe de Bernadotte, se creó la UNRWA, agencia de Naciones Unidas para los refugiados palestinos. En junio de 1949 el secretario general de Naciones Unidas informó a la Asamblea General que el número de refugiados palestinos registrados era de 940 000.

Todos los bienes de la población expulsada, muebles e inmuebles, tierras, campos de cultivo, casas, villas, talleres, fábricas, bibliotecas, objetos artísticos, pasaron a manos del recién creado Estado de Israel. Una serie de leyes y reglamentos promulgados entre 1948 y 1950 otorgaron a organismos estatales la facultad de confiscar, administrar, alquilar o vender las propiedades que la población palestina había dejado atrás. Se las denominó leyes de la propiedad de los dueños ausentes. Era «dueño ausente» todo árabe que por la circunstancia que fuese, desde un viaje de negocios, la huida de una zona de combates, el traslado a una localidad más segura o la simple expulsión, estuviera fuera de su casa cuando se creó el Estado de Israel. Las leyes de la propiedad de los dueños ausentes aún siguen vigentes.

Más de cuatrocientas localidades palestinas, según la investigación del historiador Walid Khalidi, otras fuentes dan la cifra de 511, fueron destruidas entre 1947 y 1952. Los nombres de la mayoría ya no figuran en los mapas, 290 de esas aldeas fueron allanadas con excavadoras y cubiertas de tierra; todo vestigio de su existencia quedó borrado, casas, huertos, veredas, retazos de paisaje que habían sido paisajes de infancia, escenarios de la vida a lo largo de generaciones, pasaron al limbo de lo no existente.

Cuando se firmó el armisticio que puso fin a la primera guerra árabe israelí, en julio de 1949, el nuevo Estado había conquistado más espacio del que le asignaba el Plan de Partición de Naciones Unidas. Las fronteras de Israel abarcaban el 78 % del territorio de la Palestina histórica, al otro lado de esas fronteras cerca de un millón de palestinos se habían convertido en refugiados. Nunca se les permitió volver.

LISTADO DE LOCALIDADES DESTRUIDAS DURANTE LA NAKBA

Distrito de Acre

Iqrit, Umm al-Faraj, al-Birwa, al-Bassa, Tarbikha, al-Tall, Khirbat Jiddin, Khirbat Iribbin, al-Damun, Dayr al-Qasi, al-Ruways, al-Zib, Suhmata, Suruh, al-Sumayriyya, Arab al-Samniyya, Amqa, al-Gabisiyya, al-Kabri, Kufr Inan, Kuwaykat, al-Manshiyya, al-Mansura, Miar, al-Nabi Rubin, al-Nahr.

Distrito de Bisan

al-Ashrafiyya, Umm ʽAjra, al-Birra, Tall al-Shawk, Jabbul, al-Hamra, al-Hamidiyya, Umm Sabuna, Khirbat al-Zawiya. Khirbat al-Taqa, Arab al-Khunayzir, Danna, Zab'a, al-Sakhina, al-Samiriyya, Sirin, al-Tira, Arab al-Bawat, Arab al-Safa, Arab al-'Arida, al-Ghazzawiyya, al-Fatur, Farwana, Qumya, Kafra, Kawkab al-Hawa, al-Murassas, Masil al-Jizl, Yubla.

Distrito de Berseba

Al-Jammama, al-Khalasa, Al-'Imara,

Distrito de Gaza

Isdud, Barbara, Barqa, Burayr, al-Batani al-Sharqi, al-Batani al-Gharbi, Bi'lin, Bayt Jirja, Bayt Darás, Bayt Tima, Bayt 'Affa, Tall al-Turmus, Jusayr, al-Jaladiyya, al-Jura, Julis, al-Jiyya, Hatta, Hulayqat, Hamama, al-Khisas, Dimra, Dayr Sunayd, Simsim, al-Sawafir al-Sharqiyya, al-Sawafir al-Shamaliyya, al-Sawafir al-Gharbiyya, Summayl, Iraq Suwaydan, 'Iraq al-Manshiyya, Arab Suqrir, al-Faluja, Qastina, Karatiyya, Kawfakha, Kawkaba, al-Muharraqa, al-Masmiyya al-Saghira, al-Masmiyya al-Kabira, Najd, Ni'ilya, Hiribya, Huj, Yasur, 'Ibdis.

Distrito de Haifa

Abu Zurayq, Abu Shusha, Ijzim, Umm al-Zinat, Umm al-Shawf, Barrat Qisarya, Burayka, Khirbat al-Butaymat, Balad al-Shaykh, Jaba'al-Jalama, Khubbayza, Khirbat al-Burj, Khirbat al-Damun, Sa'sa', Khirbat al-Sarkas, Khirbat al-Shuna, Khirbat al-Kasayir, Qumbaza, Khirbat Lid, Khirbat al-Manara, Khirbat al-Mansura, Daliyat al-Rawha, al-Rihaniyya, Khirbat al-Sindiyana, Khirbat al-Sawamir, Sabbarin, al-Sarafand, al-Tantura, al-Tira, Arab Dhahrat, al Dhumayri, Arab al-Fuqara, Arab al-Nufay'at, Ayn Ghazal, Ayn Hawd, Khirbat al-Ghubayya al-Tahta, Khirbat al-Ghubayya al-Fawqa, Qannir, Qira, Qisarya, Kabara, Kafr Lam, al-Kafrayn, al-Mazar, al-Mansi, al-Naghnaghiyya, Hawsha, Wadi Ara, Wa'arat al-Sarris, Yajur, Atlit.

Distrito de Hebrón

Khirbat, Umm Burj, Barqusiya, Bayt Jibrin, Bayt Nattif, Tall al-Safi, al-Dawayima, Dayr al-Dubban, Dayr Nakhkhas, Ra'na, Zakariyya, Zikrin, Zayta, 'Ajjur, al-Qubayba, Kidna, Mughallis.

Distrito de Jaffa

Al-'Abbasiyya, Abu Kishk, Bayt Dajan, Biyar 'Adas, Fajja, al-Haram, Ijlil al-Qibliyya, Ijlil al-Shamaliyya, al-Jammasin al-Gharbi, al-Jammasin al-Sharqi, Jarisha, al-Khayriyya, Rantiya, al-Safiriyya, Saqiya, Salama, al-Sawalima, al-Sheikh Muwannis, Kafr 'Ana, al-Mirr, al-Mas'udiyya, al-Muwaylih, Yazur.

Distrito de Jerusalén

Sataf, al-Qastal, Suba, Bayt Mahsir, Lifta, Khirbat al-Lawz, Dayr al-Shaykh, Dayr Yassin, Qalunya, al-Walaja, al-Maliha, 'Ayn Karim, Dayr Rafat, Dayr al-Hawa, Saris, Bayt Naqquba, Allar, 'Aqqur, 'Artuf, Bayt 'Itab, Bayt Thul, Bayt Umm al-Mays, al-Burayi, Dayr Aban, Dayr 'Amr, Ishwa', Islin, Khirbat Ism Allah, Khirbat Jarash, al-Jura, Kasla, Nitaf, al-Qabu, Ras Abu 'Ammar, Sar'a, Sufla, Khirbat al-'Umur.

Distrito de Yenin

Ayn al-Mansi, Khirbat al-Jawfa, al-Lajjun, al-Mazar, Nuris, Zir'in.

Distrito de Nazaret

Saffuriyya, Indur, al-Mujaydil, Ma'lul.

Distrito de Ramle

Abu al-Fadl, Abu Shusha, Ajanjul, Aqir, Barfiliya, al-Barriyya, Bashshit, Khirbat Bayt Far, Bayt Jiz, Bayt Nabala, Bayt Shanna, Bayt Susin, Bir Ma'in, Bir Salim, al-Burj, Khirbat al-Buwayra, Daniyal, Dayr Abu Salama, Dayr Ayyub, Dayr Muhaysin, Dayr Tarif, Khirbat al-Duhayriyya, al-Haditha, Idnibba, Innaba, Jilya, Jimzu, Kharruba, al-Khayma, Khulda, al-Kunayyisa, al-Latrun, al-Maghar, Majdal Yaba, al-Mansura, al-Mukhayzin, al-Muzayri'a, al-Na'ani, al-Nabi Rubin, Qatra, Qazaza, al-Qubab, Qubayba, Qula, Sajad, Salbit, Sarafand al-'Amar, Sarafand al-Kharab, Saydun, Shahma, Shilta, al-Tina, al-Tira, Umm Kalkha, Wadi Hunayn, Yibna, Khirbat Zakariyya, Zarnuqa.

Distrito de Safad

Abil al-Qamh, al-Abisiyya, Akbara, Alma, Ammuqa, 'Arab al-Shamalina, Arab al-Zubayd, 'Ayn al-Zaytun, Baysamun, Biriyya, al-Butayha, al-Buwayziyya, Dallata, al-Dawwara, Dayshum, al-Dhahiriyya al-Tahta, al-Dirbashiyya, al-Dirdara, Fara, al-Farradiyya, Fir'im, Ghabbatiyya, Ghuraba, al-Hamra', Harrawi, Hunin, al-Husayniyya, Jahula, al-Ja'una, Jubb Yusuf, Kafr Bir'im, al-Khalisa, Khan al-Duwayr, Khirbat Karraza, al-Khisas, Khiyam al-Walid, Kirad al-Baqqara, Kirad al-Ghannama, Lazzaza, Madahil, al-Malikiyya, Mallaha, al-Manshiyya, al-Mansura, Mansurat al-Khayt, Marus, Mirun, al-Muftakhira, Mughr al-Khayt, Khirbat al-Muntar, al-Nabi Yusha', al-Na'ima, Qabba'a, Qadas, Qaddita, Qaytiyya, al-Qudayriyya, al-Ras al-Ahmar, Sabalan, Safsaf, Saliha, al-Salihiyya, al-Sammu'i, al-Sanbariyya, Sa'sa, al-Shawka al-Tahta, al-Shuna, Taytaba, Tulayl, al-'Ulmaniyya, al-'Urayfiyya, al-Wayziyya, Yarda, al-Zanghariyya, al-Zawiya, al-Zuq al-Fawqani, al-Zuq al-Tahtani.

Distrito de Tiberiades

'Awlam, al-Dalhamiyya, Ghuwayr Abu Shusha, Hadatha, al-Hamma, Hittin, Kafr Sabt, Lubiya, Ma'dhar, al-Majdal, al-Manara, al-Manshiyya, al-Mansura, Khirbat Nasser al-Din, Nimrin, al-Nuqayb, Samakh, al-Samakiyya, al-Samra, al-Shajara, al-Tabigha, al-'Ubaydiyya, Wadi al-Hamam, Khirbat al-Wa'ra, al-Sawda', Wadi al-Hawarith, Wadi Qabbani, Khirbat al-Zababida, Khirbat Zalafa, Yaquq.

Distrito de Tulkarem

Khirbat Bayt, Lid, Bayyarat Hannun, Fardisya, Ghabat Kafr Sur, al-Jalama, Kafr Saba, al-Majdal, Khirbat al-Manshiyya, Miska, Qaqun, Raml Zayta, Tabsur Umm Khalid.

LA GUERRA QUE VENDRÁ

Me basta con morir encima de ella
con enterrarme en ella;
bajo su tierra fértil disolverme, acabar,
y brotar hecha yerba de su suelo;
hecha flor, con la que juegue
la mano de algún niño crecido en mi país.
Me basta con seguir en el regazo de mi tierra;
polvo, azahar y yerba.

Fadwa Tuqan[19]

«Los viejos morirán y los jóvenes olvidarán», la frase que suele atribuirse a Ben Gurión, aunque posiblemente no la dijo él sino alguno de sus colaboradores, refleja muy bien la percepción que los dirigentes sionistas y la mayoría de los políticos europeos tenían del drama palestino, un mal menor, ahora quizá se diría daño colateral, que no podía empañar el brillo de lo alcanzado tan rápida y fulgurantemente: un territorio libre de habitantes para levantar el Estado judío. La versión idílica de cómo se creó Israel se asentó sobre la negación y el silenciamiento de lo ocurrido con la población palestina. El término «limpieza étnica» quedó pros-

19. Fadwa Tuqan, poeta palestina nacida en Nablus en 1914. «Me basta con seguir en su regazo», en Pedro Martínez Montávez (edición y traducción), *El poema es Filistín.* Madrid: Ed Molinos de Agua, 1980, p. 77.

crito en la versión oficial y épica de la creación del Estado. Al otro lado de las fronteras, entre el exilio y los campos de refugiados, un pueblo traumatizado y disperso parecía destinado a desaparecer. El poder colonial, que siempre mira al otro desde la altura de «su superioridad», suele cegar la mente de quienes lo detentan y les impide ver la insospechada fortaleza de los vencidos, los humillados, los ofendidos. Y su inquebrantable decisión de no olvidar. La memoria, en el caso palestino, es, como dijo Gabriel Celaya de la poesía, «un arma cargada de futuro».

Fue en los campos de refugiados donde la maltrecha sociedad palestina comenzó a recomponerse. Los viejos, sí, fueron muriendo, pero los menos viejos y los jóvenes no olvidaron. En los años 50, desde Cisjordania y desde Gaza comenzó a haber incursiones, casi siempre fallidas, de «comandos» que trataban de entrar en territorio israelí al lugar donde habían estado sus casas y sus labranzas, con la consiguiente represalia del ejército contra los países de donde procedía el comando. Como, tras la guerra del 48, Gaza y Cisjordania habían quedado bajo control egipcio y jordano respectivamente, ambos países se encontraron en el punto de mira de las represalias israelíes.

En 1956, tras la nacionalización del canal de Suez, Francia, Inglaterra e Israel atacaron Egipto, una operación tan descaradamente colonialista que provocó la ira de la Unión Soviética, ya que Egipto era su aliado, y de Estados Unidos que no había sido consultado previamente; ambas superpotencias exigieron la retirada inmediata de las fuerzas ocupantes de los territorios de Sinai y Gaza. Francia e Inglaterra «obedecieron» y se retiraron rápidamente, pero el ejército israelí retrasó su salida de Gaza varias semanas y durante ese tiempo, en los campos de refugiados de Khan Yunis y Rafah, más de 450 civiles palestinos, todos varones, fueron asesinados, la mayoría en ejecuciones sumarias, tal como viene recogido en un detallado informe de Naciones Unidas[20].

Dice un poema de Bertol Brech «*La guerra que vendrá no es la primera*». Ni la última, habría que añadir. Desde mediados de los 60, el estallido de una nueva guerra árabe-israelí se consideraba inevitable, la retórica inflamada de los dirigentes árabes, con Nasser como líder incuestionable de lo que se percibía como un renacer del orgullo de la nación árabe, estaba dando a Israel motivos para prepararse y asestar un golpe definitivo a ese supuesto «renacer árabe». Según cuenta el periodista palestino-estadounidense Rashid Khalid,

> las fuentes militares y de inteligencia de Estados Unidos aseguraban una aplastante victoria de Israel en cualquier circunstancia de confrontación, dado el abrumador dominio del que gozaban sus fuerzas armadas[21].

20. *Special Report of the Director of the UNRWA*, A/3212/l. 1, 15 de diciembre de 1956, cit. en Rashid Khalidi, *Palestina, cien años de colonialismo y resistencia*. Madrid: Capitan Swing, 2023, p. 151.

21. Rashid Khalidi, *ibid*, p. 156.

Solo se necesitaba un *casus belli* que justificase el ataque preventivo, y este lo proporcionó Egipto al decidir mover un gran contingente de tropas a la península del Sinaí. La guerra que se llamó de los Seis Días podría haberse denominado de las seis horas, las que bastaron para destruir en tierra toda la fuerza aérea egipcia y gran parte de la jordana.

El 5 de junio de 1967, la aviación israelí lanzó un ataque sorpresa y destruyó 286 aviones de guerra egipcios y otros 130 jordanos. La guerra quedó decidida a partir de ese primer ataque; después, las fuerzas del Tsahal (ejército israelí) avanzaron sin problemas por tierra y ocuparon la península egipcia del Sinaí, los Altos del Golán sirios y los territorios palestinos de Gaza y Cisjordania, incluida la zona oriental de Jerusalén. Una de las primeras medidas de los mandos israelíes a las pocas horas de haber entrado en La Ciudad Vieja, fue la orden de demolición del llamado barrio de los magrebíes, patrimonio de la humanidad y uno de los más antiguos de la ciudad, pero que, para desgracia de sus vecinos, lindaba con el barrio judío y la explanada del muro de las lamentaciones. Las más de doscientas familias del barrio fueron expulsadas *manu militari*, les dieron tres horas para abandonar sus casas. La demolición del barrio de los magrebíes sirvió para ampliar el espacio del Muro de las Lamentaciones.

La guerra del 67 asestó un golpe mortal al sentimiento y las aspiraciones del movimiento nacional árabe, que a partir de esa derrota inició su imparable declive. Todo el territorio de la Palestina histórica quedó bajo control de Israel y cerca de 300 000 personas en su mayoría de Cisjordania se convirtieron en nuevos refugiados. El 22 de noviembre de 1967, a propuesta de Estados Unidos, el Consejo de Seguridad de la ONU, aprobó la resolución 242 que, tras señalar la «inadmisibilidad» de ampliar territorios mediante la guerra, pedía la retirada israelí de los territorios conquistados y reconocía el derecho de todos los Estados de la zona a unas fronteras estables y seguras. Pese a que en ningún momento la resolución hace referencia a la población palestina y reduce el conflicto a una cuestión entre los Estados árabes e Israel, el desarrollo de los acontecimientos ha convertido la 242 en el referente aceptado por la comunidad internacional de una futura solución al conflicto. Pero en los años 60 esa posibilidad aún quedaba muy lejos. En realidad, la guerra del 67 había puesto al descubierto la debilidad de los gobiernos árabes, pero también había provocado un efecto inesperado en la sociedad palestina, al reforzar el convencimiento de que no podían confiar la liberación de su tierra a los regímenes árabes. La Organización para la Liberación de Palestina, OLP, que, desde su creación en 1964, había sido un simple apéndice de la política egipcia, se «emancipó» de dicha dependencia, y el 3 de febrero de 1969, el líder de Al Fatah, Yasser Arafat, fue elegido presidente del comité ejecutivo de la organización. La derrota árabe en la guerra del 67 había tenido como efecto colateral el reforzamiento del movimiento nacional palestino y la admisión de la OLP como un actor a tener en cuenta en la escena internacional.

En esos años, finales de los 60, que fueron también tiempos de rebelión en el mundo, en los campos de refugiados palestinos se vivía una especie de euforia revolucionaria, los fedayín[22] se sentían la punta de lanza de un movimiento de liberación que no era solo de Palestina sino de todos los pueblos árabes. El camino de vuelta a la patria, se decía, pasa por acabar con los regímenes árabes. Demasiados enemigos para unos hombres armados con metralletas en un país que no era el suyo. Cada incursión o intento de incursión de un comando palestino en la frontera israelí traía la consiguiente represalia en forma de bombardeo sobre localidades jordanas. Una de esas supuestas represalias fue la lanzada el 21 de marzo de 1968 contra la localidad jordana de Karameh donde se concentraban varios miles de guerrilleros de la OLP; unos quince mil soldados israelíes con carros de combate y apoyo aéreo cruzaron el río Jordán con el objetivo de acabar con los comandos palestinos y confiados en que el ejército jordano que estaba desplegado en las colinas que rodean Karameh no intervendría. Pero no fue así, la feroz resistencia de los combatientes palestinos con el inesperado apoyo de la artillería jordana forzó la precipitada retirada de las fuerzas israelíes. La batalla de Karameh cuyo nombre en

22. Fedayín, literalmente «los que se sacrifican». Término árabe para referirse a miliciano, guerrillero, combatiente, especialmente el palestino.

árabe significa dignidad, a veces la realidad hace guiños simbólicos, convirtió en héroes a los fedayines palestinos y significó un impulso moral para el abatido mundo árabe. Sus efectos en el ámbito militar, sin embargo, fueron nulos, la victoria de Karameh no cambió para nada el abrumador desequilibrio de fuerzas entre el poderoso ejército israelí y la guerrilla palestina, pero sí tuvo efectos políticos: el reforzamiento de los sectores más radicales de la resistencia palestina, especialmente el FPLP, y de la idea de que solo la lucha armada les devolvería la patria.

En septiembre de 1970, el rey Hussein de Jordania lanzó a su ejército contra las fuerzas de la OLP que habían llegado a ser «un Estado dentro del Estado» en algunas zonas del país. En la memoria palestina aquella breve pero atroz guerra se conoce como «Septiembre negro». Un año después, un grupo armado palestino autodenominado «Septiembre negro» llevó a cabo el secuestro de nueve atletas israelíes en los Juegos Olímpicos de Múnich. La intervención de los servicios de seguridad alemanes se saldó con la muerte de los nueve atletas, un policía alemán y cinco secuestradores. El atentado de Munich tuvo enorme proyección internacional, perjudicó gravemente la imagen de la OLP en Europa y reforzó la idea, ya muy asentada a través del cine y los grandes medios de comunicación occidentales, de que la causa palestina era una cuestión de terroristas.

En el otoño de 1970, la OLP fue expulsada de Jordania. Siguiente destino el Líbano.

Para muchos exiliados palestinos, especialmente intelectuales y artistas, Beirut no fue simplemente un refugio sino una segunda patria, una Palestina revivida en los cafés de la calle Hamra, en las interminables y apasionadas tertulias en las que el tema habitual era la patria perdida o más exactamente la vuelta a la patria perdida. Y la revolución, claro. Porque entonces, la causa palestina aún se definía como la revolución palestina. Fue una especie de «tiempo dorado» de efervescencia cultural y política: Gassan Kanafani, Mahmud Darwish, Kamal Nasser, Emile Habib, Fadwa Tuqan, Tawfiq Zayyad no solo eran figuras reconocidas de la literatura y la poesía árabe sino referentes políticos para la diáspora palestina.

Y también objetivo de los servicios secretos israelíes.

En julio de 1972, el escritor Gassan Kanafani fue asesinado en Beirut, junto a su sobrina de diecisiete años, en un atentado con coche bomba del Mosad; en abril del 73, el poeta y portavoz de la OLP, Kamal Nasser y los dirigentes de Fatah, Kamal Adwan y Abu Yussef Najjar, fueron asesinados en sus viviendas, por un comando del Mosad. Los funerales de Kanafani, como los de Kamal Nasser y sus compañeros, fueron una impresionante expresión de duelo y de afirmación de la identidad palestina.

LA OLP EN LA ONU

Y llegó otra guerra, la del 73, la cuarta guerra árabe-israelí que a diferencia de las otras no terminó con una clara derrota árabe sino casi se podría decir que en tablas. Gamal Abdel Nasser, el gran adalid del panarabismo y principal defensor de la causa palestina había muerto tres años antes, en 1968, y su sucesor, Amwar el Sadat, que había salido fortalecido de esa guerra, emprendió un cambio radical de la política exterior de su país, al abandonar su alineamiento con los soviéticos para convertirse en aliado privilegiado de EE. UU. En 1979, con el patrocinio de Washington, se firmaron los acuerdos de Camp David por los que Israel devolvía a Egipto la península del Sinaí, que había conquistado en la guerra de 1967. Egipto fue el primer país árabe que firmó un acuerdo de paz con Israel.

En ese tiempo la resistencia palestina, asentada en el Líbano, cosechaba éxitos diplomáticos en paralelo a duros y continuados golpes en el terreno militar. En 1974, la OLP fue reconocida como «único y legítimo representante del pueblo palestino» y el 13 de noviembre de ese mismo año, Yasser Arafat intervino ante la Asamblea General de la ONU. En un discurso, que en su momento fue calificado de histórico, el dirigente palestino dijo:

> Proclamo ante ustedes que cuando hablamos de nuestras esperanzas comunes para los palestinos del futuro incluimos en nuestras aspiraciones a todos los judíos que ahora viven

> en Palestina que acepten vivir con nosotros en paz y sin distinción o discriminación en la tierra Palestina … Hoy he venido portando una rama de olivo en una mano y el arma de un luchador por la libertad en la otra. No dejen que caiga de mi mano la rama de olivo. Repito: no dejen que caiga de mi mano la rama de olivo.

En el seno de la resistencia palestina se había abierto un debate que nunca se ha cerrado del todo: qué camino seguir, el de la lucha armada o el de la negociación. El grupo mayoritario de la OLP, Al Fatah, y su presidente Yasser Arafat apostaban claramente por la vía negociada y por una visión más pragmática del objetivo final de su lucha. En el Consejo Nacional Palestino de ese año de 1974, se aprobó un plan de 10 puntos que ya sentaba las bases para su futura aceptación de la solución de los dos Estados.

LA INVASIÓN DEL LÍBANO

El 6 de junio de 1982, Israel invadió el Líbano. La excusa fue un atentado fallido contra el embajador israelí en Londres; el objetivo real: acabar con la presencia de la OLP e imponer un gobierno afín en el país. El intento de asesinato del diplomático israelí fue reivindicado por el grupo terrorista Abu Nidal, enemigo acérrimo de la OLP, por lo que muy pronto dejó de mencionarse como motivo de la invasión. Menájem Beguín era primer ministro de Israel, Ariel Sharón su ministro de defensa, la operación que se denominó Paz para Galilea supuso el mayor despliegue militar israelí desde la guerra de 1973, unos 120 000 efectivos.

El 14 de junio, los tanques israelíes ya habían llegado a Beirut y cercaban los barrios de la zona oeste de la ciudad donde vivía la mayor parte de la población palestina, así como libaneses en su mayoría afines a la causa palestina. Desde el estallido de la guerra civil en 1975, los partidos de la izquierda libanesa habían formado, en alianza con la OLP, el llamado frente progresista enfrentado a las milicias cristiano-maronitas, algunas de ellas, como las falanges del partido Kataeb, con vínculos muy estrechos con Israel[23].

El 20 de agosto, EE. UU anunció un acuerdo para poner fin al asedio de la capital libanesa. El acuerdo estipulaba que la OLP evacuaría a sus fuerzas bajo protección internacional y con el compromiso de que el ejército israelí no entraría en Beirut Oeste. Una fuerza de interposición franco-italo-americana se desplegaría a lo largo de la línea divisoria entre las partes beligerantes y se garantizaba la seguridad de la población de los campos de refugiados tras la marcha de los milicianos palestinos. La evacuación de los combatientes de la OLP se completó en

23. Las falanges libanesas son las milicias del partido de la extrema derecha Kataeb, integrado exclusivamente por cristianos maronitas. Las fundó en 1936 Pierre Gemayel, padre de Bachir y Amin Gemayel, siguiendo el modelo de las organizaciones juveniles del nazismo. En sus primeros años apenas tuvieron influencia en la sociedad libanesa, pero en los años 70, durante la guerra civil, adquirieron un triste protagonismo por la brutalidad de sus acciones y por su enconado odio a los refugiados palestinos.

dos días, del 28 al 30 de agosto. Salieron en barcos franceses con dirección a Túnez, entre cánticos, disparos al aire, ondear de banderas, abrazos y lágrimas, muchas lágrimas... El poeta Mahmud Darwix estaba en Beirut y lo describió así:

> Todo lloraba, el cielo plomizo, los tiros que despedían a los guerrilleros. Las calles lloraban y las azoteas y las ruinas de los edificios. Lloraban los grafitis de las paredes y las promesas posibles e imposibles... lloraban[24].

PREÁMBULO DE UNA MATANZA

Las fuerzas internacionales de interposición abandonaron Beirut el 13 de septiembre. Al día siguiente, una terrible explosión destruyó la sede del partido Kataeb en el barrio cristiano de Ashrafieh, en Beirut Este. El atentado causó veinticuatro muertos y más de sesenta heridos. Entre los muertos figuraba el presidente del país y líder de las falanges, Bachir Gemayel. Esa misma noche, los mandos del ejército israelí mantuvieron una reunión con oficiales del Kataeb, entre ellos el jefe de información del partido, Eli Hobeika, en la que, según declararía después Ariel Sharon, se decidió la entrada de las falanges en los campos de refugiados palestinos para «limpiarlos de terroristas». El miércoles 15 de septiembre, los tanques israelíes entraron en Bei-

24. Mahmud Darwish, *En presencia de la ausencia,* traducción de Luz Gómez. Valencia: Pre-Textos, 2012, p. 90-91.

rut Oeste y cercaron los campamentos de Sabra y Chatila. El general Drori comunicó por teléfono al ministro de defensa, Ariel Sharon: «nuestros amigos están entrando en los campamentos, estamos coordinando la operación»; la respuesta de Sharon fue escueta: «Felicitaciones»[25].

La matanza comenzó en la tarde del jueves 16 de septiembre. Duró más de dos días con sus noches; durante ese tiempo, el ejército israelí mantuvo iluminadas con bengalas las callejuelas de los campamentos y no permitió salir a nadie de los que intentaron huir. Los testimonios de varios soldados israelíes publicados en el diario *Haarezt*, avalan que las órdenes de impedir la huida eran estrictas[26].

> El mismo jueves a la caída de la noche llegaron a nuestro puesto varias mujeres del campo de Chatila. Estaban histéricas y gritaban que los falangistas recorrían las calles matando a los niños y a las mujeres y llevándose a los hombres en camiones... Informé a mis superiores, pero me dijeron que no me preocupase, que todo iba bien. Me dieron la orden de decir a las mujeres que volvieran a sus casas... Volví a intentarlo de nuevo y redacté un informe, pero me dieron la misma respuesta: todo va bien...

Umm Ahmed Farhat vivía con su familia en el campamento de Chatila, su testimonio figura

25. Cit. en Amnon Kapeliouk, *Enquête sur un massacre*. Paris: Le Seuil, 1982, p. 38.
26. *Ibid.*, p. 52-53.

en el informe sobre las matanzas realizado por Laila Shahid Barrada:

> Habíamos acostado a los más pequeños en el sótano porque había habido bombardeos y los aviones no habían dejado de volar sobre el campamento. Los demás nos quedamos en la planta baja. Hacia las cinco de la mañana un grupo de hombres armados entró en la casa. Nos dijeron que teníamos que salir fuera. Estábamos en pijama. Yo llevaba a mi hijo Sami en brazos y Salwa cogió a Laila, la más pequeña... Cuando estábamos fuera le preguntaron a mi marido de donde era. Él les dijo que éramos palestinos y que él trabajaba reparando teléfonos. Nos dijeron que nos pusiéramos en fila mirando a la pared y que no volviéramos la cabeza ni a la derecha ni a la izquierda. Entonces comenzaron a disparar. Escuché a mi hijo Sami decir *baba* (papá) justo un momento antes de que su cabeza estallase en mis brazos. Yo recibí varios disparos en la espalda y perdí el conocimiento. Cuando desperté, los hombres se habían ido, Salwa, mi hija mayor, estaba herida pero podía moverse, me ayudó a incorporarme, Suad tenía varios tiros en la espalda, sangraba mucho y no podía moverse, se ha quedado paralítica, mi marido estaba muerto y Layla y Sami y Farid y Bassem...todos muertos[27].

Desde 800 a más de 4000 muertos, la cifra es así de laxa porque ni el gobierno libanés ni el

27. Testimonio recogido por Laila Sahid Barrada, en *Revue d'Études Palestiniennes*. Paris: Éditions de Minuit, 1983, nº 6, p. 96-97.

ejército israelí tenían ningún interés en contar los muertos; en la mañana del sábado 18 de septiembre, cuando los primeros periodistas fueron autorizados a entrar, aún vieron varios camiones cargados de cadáveres saliendo de la zona con destino desconocido[28].

La presión internacional, en concreto la del presidente estadounidense Ronald Reagan, llevó al primer ministro israelí, Menahen Beguin, a encargar una comisión de investigación que presidió el juez Kahane, miembro del Tribunal Supremo israelí. La comisión recogió testimonios de soldados, mandos militares y políticos israelíes, y también de periodistas y diplomáticos que se encontraban en Beirut en aquellos días de septiembre de 1982, pero no realizó ni una sola entrevista a supervivientes, libaneses o palestinos, de las matanzas.

El escritor francés Ilan Haleví, de origen judío palestino, sus padres pertenecían a la antigua comunidad judía de Palestina anterior a la colonización sionista, realizó un detenido análisis de los trabajos de la comisión en el que se destaca el testimonio de los médicos occidentales que estaban en el Hospital Gaza de Sabra. Las declaraciones de estos médicos, dos británicos y un norteamericano, que entre otras atrocidades presenciaron el asesinato en el mismo hospital de sus colegas y de sus pacientes palestinos,

28. El escritor francés Jean Genet estaba en esos días en Beirut y fue uno de los primeros en llegar la mañana del 18 de septiembre al campo de Chatila repleto de cadáveres. Su libro *Cuatro horas en Chatila* relata con estremecedora sencillez el horror del que fue testigo. Editado por *Nación Árabe*, 2002.

apuntaban, señala Halevi, a la presencia de agentes del Mosad, «gente en vestimenta civil, con actitud de mando que hablaban en inglés y en alemán pero no en árabe»[29], en el interior de los campamentos mientras se perpetraban las matanzas. La comisión desestimó su testimonio por considerarlo producto de su actitud propalestina.

La comisión Kahane determinó que Ariel Sharon y otros altos mandos del ejército israelí eran «responsables indirectos» de las matanzas. Sharon tuvo que abandonar su cargo de ministro de defensa, pero continuó en el gobierno como ministro sin cartera. Apenas 10 años después sería primer ministro de Israel.

En los casi tres meses que duró la guerra hubo en torno a 19000 muertos y más de 30000 heridos entre la población libanesa y palestina, el ejército israelí tuvo 364 bajas mortales y 2400 heridos.

Nadie ha sido juzgado por las matanzas de Sabra y Chatila.

Veinte años después, un tribunal belga admitió la denuncia, presentada por veintitrés supervivientes y familiares de las víctimas, contra el general Ariel Sharon, otros altos mandos del ejército israelí y varios dirigentes de las falanges libanesas, por crímenes de lesa humanidad y crímenes de guerra cometidos en los campos de refugiados de Sabra y Chatilla. Uno de los convocados a declarar en la primera vista del proceso, que iba a celebrarse en

29. *Israël, de la terreur au massacre d'État,* de Ilan Halevi, Paris: Ed Papyrus, 1984.

septiembre de 2002, era Eli Hobeika, que había sido jefe de información de las falanges libanesas y figura clave en las relaciones de estas milicias con el ejército israelí en aquellos días de septiembre de 1982. Hobeika no pudo comparecer ante el tribunal belga. Fue asesinado en un atentado con coche bomba en Beirut días después de declarar en varios medios libaneses que estaba dispuesto a contar «todo lo que sabía» de las matanzas de Sabra y Chatilla. En agosto de 2003, por presiones directas de Washington, que amenazó entre otras cosas con retirar la sede de la OTAN de Bruselas, el parlamento belga abolió la ley de Jurisdicción Universal que permitía a sus tribunales juzgar a presuntos criminales de guerra, al margen de dónde y cuándo se hubieran cometido esos crímenes, y en virtud de la cual se había admitido la demanda contra Sharon y otros militares israelíes.

El cerco de Beirut acabó, pero el ejército israelí siguió en el sur del Líbano y mantuvo la Ocupación de este territorio hasta el año 2000. En ese tiempo nació Hizbullah como movimiento de resistencia de los chiíes libaneses frente a la Ocupación israelí de sus tierras.

INTIFADAS Y ACUERDOS

No haréis de nuestro pueblo
un pueblo de pieles-rojas
pues nosotros nos quedamos aquí.
En esta tierra que lleva en su muñeca
un arete de flores
Este es nuestro país:
Aquí estamos desde el alba de la existencia.
Aquí hemos jugado, amado, escrito versos.
Estamos tan arraigados en sus bahías
cual la hierba del mar...

Nizar Kabbani[30].

El 9 de diciembre de 1987, estalló la Intifada de las piedras. Fue en Gaza, un grupo de chavales lanzó piedras a los soldados israelíes que respondieron con disparos de fuego real y mataron a un chico de 17 años. Una reacción de cólera y rebelión se extendió rápidamente por Gaza, Cisjordania y Jerusalén oriental. El estallido fue espontáneo, fruto de la rabia acumulada durante veinte años de Ocupación, pero muy pronto la coordinación entre los dirigentes del interior y la dirección de la OLP en Túnez se demostró asombrosamente disciplinada y eficaz. Las consignas eran tajantes: ni un arma, ni un disparo. Solo piedras.

30. Nizar Kabbani, en *El poema es Filistín, op. cit.*, p. 173.

Ese mismo año, también en Gaza, surgió Hamás, la organización islamista contaba entonces con una generosa financiación de Arabia Saudí y la interesada tolerancia de las autoridades israelíes, que veían en ella un medio para debilitar a la OLP y dividir a la resistencia palestina. En sus inicios, la actividad de Hamás fue básicamente asistencial y benéfica, con muy poca implicación política. Pero eso iba a cambiar muy pronto.

En 1988, en Argel, el Congreso Nacional Palestino declaró solemnemente la independencia del Estado de Palestina; en un anexo a la declaración se aceptaban todas las resoluciones de la ONU, incluida la 242, lo que suponía aceptar la existencia de Israel. Fue una decisión traumática para muchos, pero ofrecía un objetivo que entonces se veía alcanzable: un Estado palestino en Gaza, Cisjordania y Jerusalén Oriental, los territorios ocupados por Israel desde 1967[31]. La Intifada de las piedras duró cinco años. Entre la población palestina, hubo 1283 muertos, más de 300 menores de 14 años, 120 000 heridos y más de 600 viviendas demolidas; en la parte israelí, hubo 31 colonos y 28 soldados muertos.

En el otoño de 1991, Estados Unidos y una Unión Soviética a punto ya de explosionar convocaron una conferencia internacional de paz para Oriente Próximo, en Madrid. Había sido un año de grandes cambios en el equilibrio, más bien des-

31. La declaración del Estado de Palestina fue redactada por el poeta Mahmud Darwix y el intelectual palestino-estadounidense Edward Said.

equilibrio, de fuerzas en la zona. Irak, el país árabe más potente y con más perspectivas de desarrollo modernizador de la región, había quedado devastado por los bombardeos masivos de la operación «Tormenta en el desierto» que la gran coalición liderada por EE. UU. había lanzado sobre el país, tras el fallido intento de Saddam Hussein de ocupar Kuwait. En aquella primera Guerra del Golfo, Yasser Arafat, y con él la OLP, se habían opuesto abiertamente al ataque contra Irak, en sintonía con el sentir popular árabe, pero en contra de los regímenes gobernantes y sobre todo de los poderes hegemónicos en el mundo. El precio, una vez terminada la guerra, fue el aislamiento político y diplomático de la organización palestina.

La Conferencia de paz de Madrid se inauguró el 1 de noviembre de 1991. El gobierno israelí acudió a regañadientes. El primer ministro, Isaac Shamir, accedió a asistir solo tras la presión del secretario de Estado estadounidense, James Baker, que amenazó con suspender una importante partida de «créditos blandos» a Israel. La OLP, vetada por Israel, no estuvo representada como tal, fue una delegación de personalidades palestinas encabezada por el doctor Haidar Abdel Shafi, la que acudió a Madrid. Naciones Unidas, que también había sido vetada por Israel, apenas desempeñó ningún papel. La Conferencia Internacional de Paz para Oriente Próximo de 1991 fue una antesala de los Acuerdos de Oslo.

EL PROCESO DE PAZ

Con el patrocinio del gobierno noruego, la OLP y representantes del gobierno israelí entablaron unas negociaciones cuasi secretas o al menos muy discretas. Los llamados acuerdos de Oslo fueron una serie de pactos y compromisos que culminaron con la escenificación en Washington de la firma y el apretón de manos entre Isaac Rabin y Yasser Arafat bajo la complaciente sonrisa del presidente estadounidense, Bill Clinton. La escena, que casi todos los medios calificaron, una vez más, de histórica, parecía presagiar al fin una solución negociada que evitase nuevos derramamientos de sangre.

En líneas generales, el acuerdo establecía un sistema de autogobierno cuya dirección correría a cargo de una Autoridad Palestina con poder ejecutivo, judicial y legislativo sobre la población palestina en las áreas donde el ejército israelí se hubiera retirado, a excepción de las colonias establecidas en esos territorios que quedaban bajo administración israelí. La AP contaría con un cuerpo policial, nada equivalente a un ejército, con funciones de mantenimiento del orden público y la seguridad interna y con la obligación de «coordinarse» con el ejército israelí en cuestiones de seguridad, judiciales y penales.

El territorio se dividió en tres áreas en función de las diferentes situaciones administrativas: el área A, integrada por los principales núcleos urbanos donde vive en torno al 50 % de la población y con una superficie del 18% del territorio, quedó bajo administración civil y de seguridad de la AP; área B, un 20% del territorio y algo más del 40% de la población, donde la AP tendría competencias exclusivamente administrativas y la seguridad estaría compartida con el ejército israelí; área C, 62% del territorio habitado por poco más del 1% de la población quedaba bajo control total del ejército israelí. Esta especie de galimatías geográfico, jurídico, administrativo tenía, en teoría, carácter provisional y se iría despejando a medida que avanzase la retirada-repliegue del ejército israelí o, dicho de otro modo, a medida que la Ocupación fuese llegando a su fin. El acuerdo dejaba en suspenso cuestiones básicas como el fin de la colonización de Cisjordania y Gaza, el derecho al retorno de los refugiados y el estatus final de la Jerusalén oriental anexionada por Israel desde 1981, que se abordarían una vez completada la primera fase del proceso, en el plazo de cinco años. Pese a la buscada ambigüedad de lo pactado, que podía dar lugar a interpretaciones contradictorias, y la evidente y abrumadora desigualdad de fuerzas de una y otra parte, el hecho es que los Acuerdos de Oslo permitieron el regreso a Palestina de muchos exiliados, entre ellos casi toda la dirección de la OLP y despertó al inicio grandes esperanzas en la población de los territorios ocupados.

En la madrugada del 25 de febrero de 1994, Baruch Golstein, un judío neoyorkino, colono del asentamiento de Kiriat Arbá, entró en la mezquita del patriarca Abraham, en Hebrón. Los soldados israelíes que vigilaban la puerta dijeron después que no sospecharon nada, lo cual resulta bastante extraño ya que el colono vestía uniforme militar y llevaba un fusil de asalto M16, varios cargadores de repuesto y tres bombas de mano. Golstein vació los cargadores y lanzó las tres granadas sobre los fieles que en ese momento oraban, a la manera de los musulmanes, postrados en el suelo. Murieron en el acto 29 personas, hubo más de 200 heridos. En las semanas siguientes a la matanza de Hebrón, cientos de palestinos se lanzaron a las calles en manifestaciones airadas y en los enfrentamientos con el ejército israelí hubo decenas de muertos.

El 6 de abril tuvo lugar el primer atentado suicida en Israel; fue en un autobús de línea, en la localidad de Afula, ocho muertos; el 13 de abril, en Hadera, también en un autobús de línea, cinco muertos. El proceso de paz descarrilaba al poco de empezar a andar. Aun así, Isaac Rabin mantuvo sus compromisos. El ejército israelí comenzó a retirarse de los núcleos urbanos, Yasser Arafat y muchos de los exiliados pudieron regresar a tierra palestina. Entonces aún se pensaba que aquello era el principio del fin de la Ocupación.

ASESINATO DE ISAAC RABIN

El 4 de noviembre de 1995, el primer ministro israelí, Isaac Rabin, fue asesinado. Yigal Amir, un joven ultranacionalista judío, le descerrajó dos tiros casi a quemarropa cuando estaba a punto de entrar en su coche, tras haber pronunciado un discurso en apoyo de los acuerdos de Oslo ante miles de manifestantes concentrados en la Plaza de los Reyes de Tel Aviv. Rabin había sufrido una atroz campaña de insultos y amenazas de muerte por parte de políticos del Likud, en especial de una figura ascendente de la derecha israelí, Benjamín Netanyahu. El hecho de que alguien como Yigal Amir hubiera podido acercarse sin problemas al primer ministro amenazado de muerte, abrió muchas dudas y sospechas sobre quién había movido los hilos de ese atentado, pero, como en el caso del asesinato de Kennedy, posiblemente nunca serán aclaradas. Poco después de la muerte de Isaac Rabin, el 19 de enero de 1996, hubo elecciones en los territorios palestinos ocupados, cerca del 90 % de la población con derecho a voto acudió a las urnas y el 85 % votó a Yasser Arafat, lo que suponía votar a favor del proceso de paz. Tres meses después, el 29 de mayo de 1996, hubo elecciones en Israel; Benjamín Netanyahu el candidato del Likud, fue el vencedor por un estrecho margen, obtuvo solo 30 000 votos más que su rival Simón Peres. Durante su campaña electoral, Netanyahu había alardeado de que para él lo acordado en Oslo era papel mojado.

En los Acuerdos de Oslo, se había establecido un plazo de cinco años, hasta mayo de 1999, para abordar la última y definitiva fase del proceso de paz. Pero en mayo de 1999, cuando Benjamín Netanyahu tuvo que dejar su cargo acusado de corrupción, se estaba muy lejos de ese punto. En realidad, no solo se estaba lejos sino alejándose cada vez más. El proceso de paz caminaba hacia atrás. Durante los tres años de mandato de Benjamín Netanyahu se habían levantado 42 nuevos asentamientos, se habían demolido más de 500 casas y el ejército israelí seguía controlando el 90 por ciento del territorio de Cisjordania y Gaza. Entre 1993 y 1999, el número de colonos en los territorios ocupados se duplicó. Para entonces en los medios de prensa rara vez aparecía el término proceso de paz si no era acompañado de un adjetivo: el agonizante proceso de paz, el moribundo proceso de paz, incluso el ya enterrado proceso de paz.

CUMBRE EN CAMP DAVID

Para el presidente estadounidense, Bill Clinton, el fracaso de los acuerdos de Oslo significaba el fracaso de su gran apuesta por pasar a la historia como el hacedor de la difícil solución al conflicto palestino-israelí. En julio del 2000, cuando le quedaban unos meses para acabar su segundo y último mandato, el presidente estadounidense convocó en Camp David al primer ministro israelí, el laborista Ehud Barak, y al presidente palestino Yasser Arafat. La cumbre de Camp David se presentó como la última oportunidad para salvar el proceso de paz. Los medios hablaban de la generosa oferta de Barak, y el rechazo de Arafat a aceptarla se presentaba como el gran obstáculo para la resolución pacífica del conflicto. Según uno de los miembros de la delegación palestina, en el curso de las negociaciones, el presidente estadounidense Bill Clinton le había espetado a Arafat: *«si no aceptas, atente a las consecuencias»*. Arafat no aceptó, y las consecuencias en forma de aislamiento diplomático, político y finalmente físico se pusieron en marcha de inmediato. A partir de Camp David, el líder palestino pasó a ser considerado por el gobierno israelí y la Administración estadounidense «interlocutor no válido».

En realidad, los términos de la supuestamente generosa oferta israelí no se dieron a conocer hasta después del fracaso de la cumbre y, tal como señalaba el intelectual palestino Edward Said, se trataba de una capitulación, no de una propuesta de paz. El periodista israelí Uri Avnerí lo describió así:

> Se supone que Barak solo estaba reclamando para Israel el 10 % de los territorios ocupados. En realidad, se trataba de cerca del 30 % ya que, además de los territorios en torno a Jerusalén que serían anexionados, se pretendía dejar bajo «control militar israelí» un área aún mayor en el valle del Jordán. Y lo que es peor, en el mapa que se presentó a los palestinos, esos porcentajes se traducían en cortar el país de Este a Oeste y de Norte a Sur de modo que el futuro Estado Palestino consistiría en unos cuantos islotes rodeados de colonos armados y soldados israelíes[32].

32. Uri Avneri, *12 Conventional Lies*, hhtp://www.Gushshalom.org, cit. en Teresa Aranguren, *Palestina, el hilo de la memoria*. Madrid: Ed Cantarabia y Diwan Majrit, 2024, pp. 125, 126, 127.

Camp David no había despertado ninguna esperanza entre la población palestina. La decepción y la desconfianza hacia Occidente era ya la norma. En los territorios ocupados, el apoyo al proceso de paz había descendido del 80% inicial a apenas un 10% de la población. En Cisjordania, y sobre todo en Gaza, Hamás, que no formaba parte de la OLP y rechazaba la solución de los dos Estados y los acuerdos firmados por la Autoridad Palestina, ganaba terreno. El fracaso de Oslo alimentaba el fuego de una nueva insurrección.

Y entonces, el 28 de septiembre del 2000, Ariel Sharon, rodeado de más de dos mil soldados y policías, decidió darse un paseo por la explanada de las mezquitas. Enseguida las calles de la Ciudad Vieja se convirtieron en campo de batalla. Dos días después, 30 de septiembre del 2000, un cámara de una televisión francesa grabó la muerte del niño Muhammad Durra en los brazos de su padre, que intentaba protegerlo de los disparos de los soldados israelíes. Ambos estaban heridos y permanecían en el suelo reclinados contra un muro en el cruce del asentamiento de Netzarin, en Gaza. La secuencia grabada dura cuarenta y cinco minutos. Hubo una escena que el cámara, desde la posición en que estaba, no pudo filmar, pero sí relatar después: la llegada de la ambulancia que intentó rescatar al niño y al padre y los disparos de los soldados israelíes que se lo impidieron y mataron al conductor. La imagen del niño agonizando en el regazo del padre recorrió el mundo.

Hubo aún un último intento *in extremis* de salvar el proceso de paz y llegar a un acuerdo. El 21 de enero de 2001 el presidente estadounidense, Bill Clinton, ya en situación de presidente saliente, convocó a ambas partes a una Conferencia de Paz en la ciudad egipcia de Taba, donde se barajó por primera vez una propuesta con visos de tener éxito. Si no hubiera llegado ya demasiado tarde.

El gobierno israelí se decía dispuesto a devolver el 95% de los territorios ocupados y a desmantelar en un plazo de tres años todos los asentamientos judíos que quedasen en territorio palestino.

El futuro Estado palestino podría establecer su capital en Jerusalén Oriental. La Ciudad Vieja quedaría, retomando la idea de la resolución 181 de Naciones Unidas, bajo control internacional, excepto los barrios y lugares santos judíos, que quedarían bajo soberanía israelí.

Israel estaba dispuesto a reconocer una cierta responsabilidad en la cuestión de los refugiados y la validez de la resolución 194 de la ONU sobre su derecho al retorno; a cambio, los palestinos se comprometían a buscar conjuntamente una fórmula que tuviera en cuenta las preocupaciones demográficas israelíes para la aplicación de ese derecho.

Hubo un comunicado conjunto en el que ambos lados manifestaban estar muy cerca de alcanzar un acuerdo y su disposición a seguir negociando hasta lograrlo. Esto ocurría el 28 de enero de 2001. El 6 de febrero eran las elecciones en Israel. Las encuestas auguraban un holgado triunfo del candidato del Likud, Ariel Sharon, quien, durante la campaña electoral, se había hartado de repetir que los Acuerdos de Oslo estaban ya enterrados y que lo que se hablase en Taba a él no lo comprometía.

El siglo xx terminó con un baño de sangre y una intifada que no iba a ser solo con piedras. Pero el nuevo milenio auguraba algo peor.

UN NUEVO MILENIO

Yo soy de allí. Y tengo recuerdos. Nací como nace la gente.
Tengo madre y una casa con muchas ventanas.
Tengo, hermanos, amigos, y una cárcel con una fría
ventana.
Tengo una ola que han raptado las gaviotas, un paisaje
favorito, una hierba silvestre,
una luna en los confines de la palabra, el sustento
de los pájaros y un olivar inmortal
He pasado por la tierra antes de que las espadas pasaran
por un cuerpo al que convirtieron en mesa.
Yo soy de allí. Retorno el cielo a su madre cuando llora por ella
y lloro para que me reconozca la nube
a su regreso.
He aprendido, para romper la regla, todas las palabras
dignas del tribunal de la sangre.
He aprendido todo el lenguaje y lo he deshecho
para componer una única palabra: Patria.

Mahmud Darwish[33]

En agosto de 2001, dos misiles lanzados desde helicópteros Apache del ejército israelí destruyeron la sede del Frente Popular para la Liberación de Palestina en Ramala y asesinaron a su secretario general, Abu Ali Mustafá, una de las figuras más destacadas del movimiento nacional palestino, que había regresado del exilio a mediados de los 90 en virtud de los

33. Mahmud Darwish, «Yo soy de allí», de *Menos rosas, op. cit.*

Acuerdos de Oslo. Los militares israelíes dijeron que había sido una operación de «asesinato selectivo». El Frente anunció que habría respuesta. El 17 de octubre, un comando del FPLP asesinó en Jerusalén a Rehavan Zeevi, líder del partido de la extrema derecha, Moledet, cuyo programa tiene como eje la deportación de la población palestina de Cisjordania. El 23 de noviembre, de nuevo con un misil lanzado desde un helicóptero Apache, el ejército israelí mató a Abu Hunud uno de los máximos dirigentes de Hamás y a otras dos personas. El 1 de diciembre dos atentados suicidas, casi simultáneos, causaron 11 muertos en Jerusalén. Al día siguiente, un militante de Hamás cargado de explosivos se hizo estallar en un autobús de línea en Haifa, 15 muertos.

El 12 de diciembre los tanques israelíes rodearon el recinto de la Mukata, residencia del presidente palestino en Ramala. Yasser Arafat solo saldría de allí para morir.

OPERACIÓN MURO DE DEFENSA

La Operación Muro de Defensa comenzó cuarenta y ocho horas después de un atentado suicida que causó 29 muertos durante la celebración de la Pascua judía, en el Hotel Park de Netanya y 24 horas después de que, en Beirut, la cumbre de la Liga Árabe presentase, a iniciativa saudí, una propuesta global de paz: la firma de acuerdos de paz con Israel de *todos* los países árabes a cambio de la retirada israelí de *todos* los territorios ocupados desde 1967. El atentado de Netanya fue el 27 de marzo, la oferta de paz de la Liga Árabe, el 28 de marzo, el 29 de marzo de 2002, el ejército israelí entraba en Ramala. El resto de las ciudades de Cisjordania fueron ocupadas y declaradas zona militar cerrada en el curso de la primera semana. El cerco era absoluto, nadie, ni Cruz Roja, ni la ONU, ni organizaciones humanitarias, ni cuerpo diplomático, ni por supuesto medios de comunicación podían entrar en las ciudades de Cisjordania. Durante más de tres semanas, en el caso del cerco a la basílica de la Natividad de Belén fueron 40 días, el ejército israelí destruyó, saqueó, detuvo, asesinó a centenares de personas, en Ramala, Belén, Nablus, Tulkarem, Kalkilia y Yenín. Sin testigos. La única forma de saber lo que estaba pasando en el interior de las localidades ocupadas era llamar por teléfono a alguien conocido de dentro de la ciudad. Entonces, el teléfono móvil era solo un teléfono, no una cámara capaz de trasmitir imágenes y vídeos, teníamos el testimonio oral de lo que estaba ocurriendo, pero no podíamos verlo y es sabido que sin imágenes la realidad se desdibuja y se oculta más fácilmente. Sin imágenes de lo que ocurre, nada ocurre.

Lo que contaban desde dentro era que había cadáveres y heridos desangrándose en las calles y que el ejército israelí disparaba a todo el que se atreviese a salir de su casa para recogerlos. El doctor Mustafá Bargouti, presidente del Instituto de Salud y Desarrollo de Ramala, hacía, a través de internet, llamamientos desesperados: «En nombre de la decencia humana no disparen contra las ambulancias, déjennos atender a los heridos…». Las noticias del campo de refugiados de Yenín, hablaban de más de cien edificios destruidos por los buldóceres del ejército, de gente sepultada bajo los escombros y de que se estaba llevando a cabo una matanza. Semanas después de finalizada la operación militar, el periódico israelí *Yedioth Ahronoth* publicó una entrevista con el soldado Moshe Nissim que manejaba una de los buldóceres del ejército que habían participado en la destrucción del campo de refugiados de Yenín:

> Había mucha gente en las casas cuando empezamos a demolerlas. No puedo decir que viese con mis propios ojos morir a alguien bajo las palas de mi excavadora, pero tampoco me importaba un pijo. Estoy seguro de que hubo gente que murió en el interior de las casas cuando las derribábamos, pero era muy difícil distinguir algo porque había toneladas de polvo y trabajamos mucho durante la noche… Me lo pasé bien derribando las casas porque sé que a esa gente no le importa morir pero ver demoler su casa les duele más[34].

Durante las cuatro semanas que duró la Operación Muro de Defensa murieron al menos 457 palestinos (la cifra se basa en los cadáveres recuperados, pero posiblemente fuera mayor), 1477 resultaron heridos, más de 300 quedaron mutilados o gravemente incapacitados, hubo 7000 detenidos,

34. La entrevista con Moshe Nissim fue publicada en la edición especial semanal del diario israelí *Yedioth Ahronot*, 31/05/2002.

878 viviendas fueron demolidas a ras de suelo y 2800 edificios, entre ellos 50 escuelas, quedaron semidestruidos o seriamente dañados, 17000 personas perdieron su hogar.

En junio de 2002, el ejército israelí comenzó a construir el muro en Cisjordania.

MUERTE DE YASSER ARAFAT

Yasser Arafat pasó los tres últimos años de su vida en el único edificio en pie del recinto de la Mukata semidestruido por las bombas y cercado por el ejército israelí. La última imagen del presidente palestino vivo, fue la salida de su encierro el 29 de octubre de 2004: demacrado, al límite de sus fuerzas, Arafat lanzaba besos de despedida a su gente mientras lo introducían, sostenido en volandas por sus guardaespaldas, en el helicóptero del ejército jordano que lo trasladó al aeropuerto de Amman y de allí en un avión militar francés a París. Murió trece días después, el 11 de noviembre de 2004 en el hospital Percy de Clamart en las afueras de París.

Fue enterrado en Ramala en una ceremonia caótica y hermosa. La multitud rompió barreras y cordones de seguridad, se adueñó del espacio y del acto y estableció su propio protocolo. No hubo alfombra roja sino una inmensa alfombra humana por la que el féretro de Yasser Arafat cubierto con la bandera palestina navegó sobre un mar de brazos alzados antes de ser depositado bajo tierra. El rumor de que había sido envenenado —y de que el

Mosad estaba detrás— era, más que una sospecha, una certeza entre la población palestina, pero se mantuvo en sordina. Nadie quería una explosión de ira en aquellos momentos de incertidumbre y debilidad.

Ocho años después, un documental de *Al Jazeera* expuso las conclusiones del equipo médico del Instituto de Radiofísica Aplicada y del Centro de medicina legal de la Universidad de Lausana en Suiza, que encontró «altas dosis de polonio-2010», material radiactivo y altamente tóxico, en los objetos personales, cepillos, ropa, kufiya… del líder palestino. A petición de la viuda Suha Arafat y de la Autoridad Palestina, la justicia francesa decidió abrir el caso por «presunto envenenamiento» del presidente palestino, pero, finalmente, se determinó que, dado el tiempo transcurrido, once años, las pruebas no eran concluyentes, y el caso quedó cerrado.

Menos conocido, pero muy revelador, es el testimonio del escritor Uri Dan, asesor y amigo íntimo del primer ministro israelí Ariel Sharon, quien en su libro *Ariel Sharon: conversaciones íntimas con Uri Dan*[35] cuenta lo que, según él, le había confesado su amigo:

> que en el 2004 había solicitado el permiso de George W Bush para liquidar a Arafat y lo había obtenido. Y unos días después comenzaron los síntomas del envenenamiento del presidente palestino.

35. Uri Dan, *Ariel Sharon. Entretiens intimes avec Uri Dan*. Paris: Ed Michel Lafon, 2006.

Uri Dan estaba gravemente enfermo cuando escribió casi a modo de testamento sus «conversaciones con Sharon». El libro se publicó en Francia en 2006, cuando Ariel Sharon, tras sufrir un derrame cerebral en enero de ese mismo año, se encontraba en estado vegetativo en un hospital de Tel Aviv y en vísperas de la muerte del autor, Uri Dan, por un cáncer terminal.

En la mayoría de los medios de comunicación y en los círculos diplomáticos de los países occidentales, la muerte de Arafat se presentó como «una oportunidad para la paz» o, dicho de otro modo, la razón por la que el proceso de paz había fracasado era la cerrazón del líder palestino, su negativa a aceptar lo que Israel estaba dispuesto a conceder. Este tipo de interpretación que centra la responsabilidad de todo agravamiento y todo fracaso en la parte débil de la ecuación, la parte palestina, ha sido la norma desde el comienzo del conflicto. La retórica habitual de frases como «retomar el diálogo» o «poner fin a la violencia», suelen dar por sobreentendido que la violencia es la del joven palestino armado con una honda o un cinturón de explosivos, no la de los misiles, las bombas y los tanques de la Ocupación.

En realidad, el llamado Proceso de Paz estaba sirviendo de coartada a otro proceso, el de la usurpación, colonización y judaización del territorio de Palestina, ante la indiferencia cuando no complicidad de la Unión Europea y los Estados Unidos.

En los años que siguieron a la segunda Intifada, el único proceso que avanzaba en los territorios ocupados, era la consolidación de un régimen de *apartheid* en Cisjordania y de un gueto en Gaza.

LA DESCONEXIÓN DE GAZA

En 2004, Ariel Sharon lanzó su iniciativa más audaz, la desconexión de Gaza, es decir el desmantelamiento de las colonias en el territorio de la Franja. La operación terminó en septiembre de 2005 y fue ampliamente publicitada, se vieron imágenes de soldados israelíes sacando a rastras, entre llantos y gritos, a familias enteras de los asentamientos que hasta entonces habían estado protegidos por el ejército. El mensaje que esas imágenes trasmitían era que la decisión del gobierno israelí era muy difícil de cumplir pero que, aun así, estaba decidido a llevarla a cabo. Era también un mensaje disuasorio: si es tan difícil desmantelar las colonias en Gaza, en Cisjordania es imposible. En realidad, Gaza nunca fue una prioridad en la política de colonización israelí y, además, el mantenimiento de menos de ocho mil colonos judíos en medio de millón y medio de palestinos, resultaba muy costoso. Lo prioritario era Cisjordania, ampliar la colonización de Cisjordania. De hecho, la mayoría de las familias que se «sacaron» de Gaza fueron reasentadas en Cisjordania. «Salimos de Gaza para reforzarnos en Cisjordania», dijo años después Dov Weisglass, asesor de Ariel Sharon, en el aniversario de la desconexión.

La súper publicitada retirada de Gaza ni fue tan difícil como la propaganda israelí quiso hacer creer ni fue una auténtica retirada sino una manera más pragmática de afianzar la Ocupación.

Una precisión de tipo legal: según la legislación internacional, aunque ya no hubiera soldados israelíes sobre el terreno, Gaza seguía siendo «territorio ocupado» ya que estaba rodeado por tierra mar y aíre por el ejército de la potencia ocupante, que controlaba totalmente el suministro eléctrico, el agua y la entrada y salida de personas y bienes al territorio. Muy pronto se vería hasta qué punto esto no era una disquisición legal sino una realidad atroz.

TRIUNFO DE HAMÁS

En enero de 2006 se celebraron elecciones al parlamento palestino. Hubo una participación del 77% y ganó Hamás con un 44% de los votos, lo que le permitía formar gobierno. Los observadores internacionales, incluido el expresidente estadounidense Jimmy Carter, consideraron que el proceso electoral había sido modélico desde el punto de vista democrático. Demasiado democrático quizá, porque el problema no fueron las elecciones sino los votos que no gustaron nada en Occidente.

Estados Unidos e Israel se negaron a reconocer al nuevo gobierno de Hamás y boicotearon «al unísono» toda posibilidad de acuerdo con la formación islamista. El primer ministro israelí, Ehud Olmert, que ocupaba el cargo en funciones después de que

Ariel Sharon sufriese un derrame cerebral que lo dejó incapacitado, anunció que retendría los ingresos fiscales y aduaneros, unos cincuenta y cinco millones de dólares mensuales, que Israel recaudaba, servidumbres de la Ocupación, pero que pertenecían a la Autoridad Palestina. Estados Unidos suspendió toda ayuda financiera y presionó como es habitual a los países aliados para que hicieran lo mismo. El boicot financiero ponía en grave riesgo los salarios de casi doscientos mil funcionarios y hacía imposible la gestión del nuevo gobierno palestino que presidía el islamista Ismail Haniye, lo que sin duda era el objetivo del tándem Estados Unidos-Israel. Pero el efecto fue otro, Hamás buscó el apoyo de países no dependientes de Estados Unidos y Europa y lo encontró en Irán. Los países árabes por su parte mantuvieron su ayuda financiera a Palestina, aunque no la incrementaron. La excusa que se esgrimió para justificar el boicot al gobierno surgido de las urnas en Palestina es que este debía aceptar las condiciones que la comunidad internacional exigía: reconocimiento del Estado de Israel, renuncia a la violencia y aceptación de los compromisos firmados previamente por la OLP, en concreto los acuerdos de Oslo. Exigencias similares nunca se habían planteado ni se plantearían a Israel, pese a que el rechazo a lo acordado en Oslo y a la creación de un Estado palestino, había sido pública y reiteradamente proclamado por sucesivos gobiernos israelíes desde el asesinato de Isaac Rabin.

Aun así, Hamás se declaró dispuesto a aceptar estas condiciones siempre que no conllevasen la condena a las acciones de la resistencia de grupos armados palestinos. El riesgo de guerra inter-palestina era evidente y tanto el nuevo gobierno como la Autoridad Palestina trataban de conjurarlo. En junio de 2006 Hamás y Fatah llegaron a un acuerdo para formar un gobierno de unidad nacional en base al llamado documento de los presos y nadie en la sociedad palestina cuenta con más prestigio que los presos. El documento elaborado por miembros de Fatah, Hamás y otros grupos como el FPLP, en cárceles israelíes, hablaba del establecimiento de un Estado palestino en las fronteras de 1967, lo que implicaba aceptar la solución de los dos Estados, el respeto a la legalidad internacional y también el «derecho del pueblo palestino a la resistencia». Dos días antes del anuncio oficial del acuerdo, el 25 de junio, las brigadas de Al Kassem, brazo armado de Hamás, secuestraron al soldado israelí, Guilad Shalit. El acuerdo se hizo público el 27 de junio de 2006, y a las pocas horas el ejército israelí lanzó la operación «Lluvias de verano». Era el primero de una serie de demoledores ataques que durante las siguientes décadas marcarían la vida y la muerte de la población de Gaza.

El gobierno de unidad nacional quedó abortado por las bombas israelíes y por la torpeza de las facciones palestinas enfrentadas. Hubo otros intentos que también descarrilaron siguiendo un esquema muy similar, cuando parecía a punto de anunciarse el acuerdo de unidad nacional, la acción de un grupo armado servía de excusa a Israel para lanzar un ataque masivo sobre Gaza.

EL BLOQUEO DE GAZA

La fractura en el seno de la resistencia palestina se hizo realidad en junio de 2007 cuando, tras días de enfrentamientos armados en las calles, las milicias de Hamás expulsaron a las fuerzas de seguridad de Fatah y se hicieron con el control de la franja. Semanas después, Israel decidió establecer el bloqueo sobre Gaza. Dov Weissglas, que había sido mano derecha de Ariel Sharon y seguía siendo asesor del gobierno de Ehud Olmert, lo anunció con una frase de descarnado cinismo «No los vamos a matar de hambre, pero los vamos a someter a una dieta muy estricta, van a quedar muy delgaditos».

Toda posibilidad de desarrollo económico, incluida la modesta pero exitosa industria del cultivo de flores, frutas y verduras que había sido básica para la economía de la Franja, toda iniciativa empresarial, cultural, artística, deportiva, profesional, todo proyecto vital quedó aplastado entre los límites de un encierro inhumano. Gaza se convirtió en una gran cárcel a cielo abierto sometida periódicamente a incursiones y bombardeos masivos del ejército israelí: «Lluvias de verano», 2006, «Plomo fundido», 2008, «Pilar Defensivo», 2012, «Margen Protector», 2014, «Guardián de los muros», 2021... En el lenguaje de la potencia ocupante, que suele ser el de la mayoría de los medios de comunicación occidentales, los ataques del ejército israelí se presentaban como operaciones contra «los terroristas de Hamás», en el de los hechos eran operaciones de castigo contra la población de Gaza.

En 2015, la ONU publicó un informe en el que anunciaba que, debido al bloqueo y a la destrucción causada por los sucesivos bombardeos israelíes, en el plazo de cinco años el territorio de Gaza sería inhabitable. En realidad, con solo una o dos horas de suministro eléctrico al día, gran parte de las aguas contaminadas, más del 40 % de la población en paro, el 70 % en el caso de los jóvenes, toda posibilidad de desarrollo económico estrangulada y ninguna expectativa de que la situación pudiera mejorar, Gaza era ya entonces un territorio inhabitable si no fuera porque sus gentes, especialmente sus mujeres, conseguían hacerlo habitable cada día. Pese al desmoronamiento económico y la ausencia de casi todo lo necesario para vivir, los niños de Gaza, y en Gaza hay muchísimos niños, seguían yendo todos los días a la escuela de la UNRWA, aunque quizá sus babis ya no estuvieran tan impolutos y los lazos en el cabello de las niñas no fuesen tan blancos como en los años anteriores al bloqueo.

En la primavera de 2018, un viernes, 30 de marzo, día de la Tierra Palestina, comenzaron las «marchas del retorno». Con un aire casi festivo como de romería, miles de personas, jóvenes, ancianos, mujeres, hombres, familias enteras, se aproximaron caminando desarmados y enarbolando banderas palestinas hasta la alambrada que separa

Gaza de la llamada tierra de nadie, una zona vaciada de vegetación y edificios donde el ejército israelí patrulla y vigila todo movimiento. Al otro lado de la valla, protegidos por un gran talud de tierra, se apostaban tiradores del ejército israelí que dispararon contra los manifestantes, hubo 17 muertos y más de un centenar de heridos. Las marchas del retorno se mantuvieron, cada viernes durante los nueve meses siguientes. A final del año el número de víctimas era de 312 muertos, entre ellos varios médicos, periodistas, fotógrafos, una joven enfermera que empujaba la silla de ruedas de un inválido y el inválido al que la enfermera cuidaba y 59 niños, hubo 29 000 heridos, la mayoría con graves amputaciones, entre ellos 3 565 niños, 1168 mujeres y 104 ancianos. Todos fueron abatidos en territorio de Gaza, en tierra palestina. No hubo ningún soldado israelí herido. Las marchas del retorno no pretendían cruzar la valla sino aproximarse a ella y gritar al mundo, aquí estamos, somos los hijos y los nietos de quienes expulsasteis de sus casas hace 70 años, no hemos olvidado, no dejaremos que nos olvidéis.

EL ACUERDO DEL SIGLO

Pasó un día con sus tanques: el cielo era una fiesta
de cometas
de los niños, y de un coche jadeante chorreaba sangre.
Pasó un día con sus aviones: la tienda de los desplazados
apostaba contra el tiempo: el invierno llegará tarde.
Pasó un día con sus francotiradores: ni el mercado encontró
sal, así que dije: «No pasa nada, la tristeza de los vendedores
da para todos».
Pasó un día con su artillería: el funeral de mi vecino
se alargaba, ¿quién tiene prisa en tiempos como estos?
Pasó un día con sus noticieros: y llegó la noche y fue
un poco alegre: estábamos todos, salvo la casa.

Gaza, 30 de diciembre de 2023[36]

Nasser Rabah

El 20 de enero de 2017, Donald Trump se convirtió en el 45 presidente de EE. UU. La tradicional alianza entre la gran potencia americana e Israel adquirió, con la llegada al poder del mediático promotor inmobiliario, carácter de simbiosis total. Uno de sus primeros nombramientos fue el de David Friedman como embajador estadounidense en Israel. Friedman, uno de los financiadores del movimiento de

36. «Poema sin título», en Nasser Rabah, *Gaza: El poema hizo su parte*, trad. Alberto Benjamín López Oliva, Guadarrama: Ediciones del Oriente y del Mediterráneo, 2025.

colonos judíos en Cisjordania, había declarado en varias ocasiones que Israel tenía derecho a «anexionarse parte de Cisjordania y probablemente toda ella». El otro nombramiento relacionado con el conflicto palestino-israelí del nuevo presidente fue el de su yerno Jared Kushner, miembro del ala más extremista del sionismo y financiador también del movimiento de colonos, como enviado especial presidencial a la zona. El 20 de diciembre de 2017, Donald Trump anunció el traslado de la embajada estadounidense a Jerusalén y el reconocimiento de la ciudad como capital de Israel. El paso significaba un desafío abierto a la doctrina de la ONU, aceptada durante décadas por la comunidad internacional y, al menos en teoría, por EE. UU., según la cual la Ciudad Vieja, en el interior de la muralla construida por Solimán, y los barrios orientales de Jerusalén son territorio ocupado.

En la misma línea de asunción total de las tesis israelíes, Donald Trump decidió suspender toda financiación a la UNRWA (Agencia de Naciones Unidas para los refugiados palestinos) así como a la Autoridad Palestina, clausurar la Legación Diplomática de Palestina en Washington y el Consulado General de EE. UU. en Jerusalén. También intentó «acabar» con el problema de los refugiados simplemente limitando el estatuto de refugiado a aquellos que fueron desplazados de sus tierras en 1948, en su mayoría ya muertos, pero no a sus descendientes tal como establece la doctrina de Naciones Unidas no solo en el caso palestino sino en el de todas las poblaciones desplazadas forzosamente de su tierra.

Pero el anuncio estrella, difundido con aires de gran acontecimiento y título tan rimbombante como engañoso, fue el llamado «acuerdo del siglo», a medio camino entre la propuesta política y el gran negocio al más puro estilo Trump, estilo que más o menos puede resumirse en «el dinero todo lo arregla»... O lo compra. El supuesto acuerdo del siglo era en realidad la imposición de las tesis del gobierno de la extrema derecha israelí que la parte palestina debía aceptar sí o sí a cambio de una importante inversión para el desarrollo económico de Cisjordania y Gaza que correría a cargo de los tres países árabes considerados socios de la propuesta: Arabia Saudí, Baréin y los Emiratos del Golfo.

El plan suponía el reconocimiento de la soberanía israelí sobre los Altos del Golán sirios y la Jerusalén «unificada», es decir, incluida la Ciudad Vieja y los barrios de la zona oriental de la ciudad, cuya anexión por Israel nunca ha sido aceptada por Naciones Unidas. También contemplaba la anexión de los grandes bloques de asentamientos en territorio palestino donde viven cerca de 600 000 colonos, así como el control israelí de todo el valle del Jordán que delimita la frontera con Jordania. Por último, la guinda, porque había una guinda para adornar el paquete, era la hipotética creación de un mini-Estado palestino en el territorio restante, siempre que la parte palestina cumpliera con las condiciones impuestas, entre ellas, desarmar a todas las milicias y renunciar a toda acción legal en contra del gobierno y de cualquier ciudadano de Israel. El mini-Estado, que comprendería la franja de Gaza y menos del 40% del territorio de Cisjordania, gozaría de una especie de autonomía vigilada con competencias administrativas pero bajo control absoluto y permanente de Israel. El plan se formalizó en junio de 2019 en Baréin durante una conferencia a la que la Autoridad Palestina se negó a asistir. En palabras del ministro de exteriores palestino, Riad Al Maliki, el acuerdo del siglo era «la bofetada del siglo, un plan que terminará en el basurero de la historia». Robert Malley, director del International Crisis Group y habitual asesor en cuestiones de Oriente Medio de las anteriores administraciones demócratas de EE. UU. resumió el significado del plan con descarnada claridad: «El mensaje a los palestinos en esencia es: han perdido, asúmanlo».

LA LEY DEL ESTADO-NACIÓN

En julio de 2018, la Kneset, parlamento israelí, aprobó la Ley Fundamental que establece que Israel es el Estado-Nación del pueblo judío. No es una cuestión meramente lingüística, sino un golpe letal al concepto de ciudadanía que, desde la revolución francesa, ha conformado el marco democrático de las sociedades europeas, y se alinea con los nacionalismos basados en un «derecho de sangre» que florecieron en Centroeuropa en los años 20 y 30 y fueron asumidos por los movimientos fascistas. Pero, sobre todo, la ley del Estado-Nación consagra legalmente el hecho consumado de la desigualdad entre ciudadanos judíos y no judíos en el Estado de Israel. Nabil Shaat, asesor en política exterior del presidente palestino Mahmud Abbas, lo describió así:

> El mundo puede ver ahora a Israel como es en realidad, no como una democracia, sino como un sistema de *apartheid*, primero implantado de facto y ahora de *iure*[37].

Entre otras cosas, la ley establece que solo el pueblo judío tiene derecho de autodeterminación, pero nunca la minoría árabe, en realidad los palestinos que no fueron expulsados en 1948 y sus descendientes, que ya constituye algo más del 20% de la población de Israel. El derecho de autodeterminación exclusivo para los judíos tiene un sentido preventivo frente a una hipotética mayoría árabe o cuando se anexen los territorios palestinos ocupados. La cuestión demográfica siempre ha sido crucial para el proyecto sionista y, en ese sentido, la ley del Estado-Nación es una especie de garantía frente a las propias políticas expansionistas del gobierno israelí que podrían poner en riesgo la mayoría judía del Estado. Las otras alternativas, en caso de la anexión de territorios palestinos, son el mantenimiento de un régimen de *apartheid* o una

37. «Israel se consagra como "Estado-nación judío"...», Lourdes Baeza, *El País*, 19/07/ 2018.

nueva limpieza étnica como la que se llevó a cabo en 1948. La contradicción entre Estado judío y Estado democrático siempre ha estado presente en la ideología sionista y en la sociedad israelí y siempre se ha resuelto a favor del primer concepto. Miki Zohar, diputado del Likud en la Kneset y futuro ministro de cultura durante el segundo mandato de Benjamín Netanyahu, lo explicó así:

> los palestinos no tienen derecho a la autodeterminación porque no son los propietarios de la tierra. Los acepto como residentes porque nacieron aquí, viven aquí y no les pediría que se fueran. Pero, lamento decirlo, adolecen de un importante defecto: no nacieron judíos[38].

Este supuesto «derecho de sangre a la tierra» está en la base de otro supuesto derecho de carácter étnico-religioso por el que todo judío o más exactamente todo nacido de madre judía, sea estadounidense, europeo, africano, australiano o chino, (también en China hay alguna comunidad judía), puede reclamar, en base a un supuesto derecho al retorno exclusivo para judíos, la ciudadanía israelí y obtenerla casi de inmediato, mientras que un palestino nacido, al igual que sus padres, abuelos, bisabuelos y todo lo atrás que uno quiera remontarse, en Jerusalén, en Haifa o en Jaffa, nunca podrá reclamar tal derecho aunque esté amparado por una resolución de Naciones Unidas aprobada hace

38. Zeev Sternhell, «En Israel crece un racismo cercano al del nazismo incipiente», *La Haine.org*, 25/02/2018.

ya tres cuartos de siglo, en la que se reconoce el derecho de la población refugiada palestina a volver a la tierra de la que fue expulsada, su derecho al retorno.

LOS ACUERDOS DE ABRAHAM

En 2020, en un mundo paralizado por la pandemia del COVID, el presidente estadounidense, Donald Trump, consiguió un nuevo logro en su empeño por «arreglar» el conflicto palestino-israelí por el sencillo sistema de eliminar, o cuando menos ignorar, a una de las partes de la ecuación, la parte palestina. Los llamados Acuerdos de Abraham, no podía faltar la referencia bíblica, representaron un paso especialmente relevante en el proceso de aislamiento y ninguneo de la causa palestina, no solo en el mundo occidental sino, ahí estaba el quid de la cuestión, también en el mundo árabe. Con el patrocinio del presidente Trump, Israel firmó acuerdos de normalización de relaciones con cuatro países árabes: el 13 de agosto, con Emiratos Árabes Unidos, el 15 de septiembre con Baréin, el 25 de septiembre con Sudán y finalmente en diciembre de 2020 con Marruecos. Los acuerdos daban por arrumbada la llamada iniciativa árabe que Arabia Saudí encabezó en la cumbre de Beirut de 2002: una paz global de *todos* los países árabes a cambio de la retirada israelí de *todos* los territorios palestinos ocupados en 1967, Cisjordania, Gaza y Jerusalén oriental.

La teoría de «paz por territorios» en la que se habían basado todos los sucesivos planes de paz, daba paso a un simplificado «paz por paz», es decir, nada de territorios a devolver ni de freno a la colonización de Cisjordania ni de reconocimiento, bien que fuese mínimo, de algún derecho palestino; los acuerdos de Abraham no pretendían lograr una paz palestino-israelí sino árabe-israelí. Y para ello es preciso segregar la causa palestina de la causa árabe, o dicho de otro modo, que la causa palestina deje de ser piedra angular de la causa árabe y liquidar toda solidaridad árabe con Palestina. Entre la población de los países de la zona la opinión mayoritaria respecto a los acuerdos era negativa, aunque no la de sus gobiernos, lo cual no es de extrañar. Salvo en la época de Gamal Abdel Nasser, la brecha entre pueblo y gobernantes es una característica consustancial a los regímenes árabes. Según los sondeos del Arab Barometer de 2020, el apoyo a los Acuerdos de Abraham alcanzaba tan solo un 3% de la población jordana, un 7% en Libia, un 8% en Tunez, un 9% en Marruecos y Argelia, y en el Líbano, debido a la opinión favorable de muchos cristianos maronitas, llegaba al 19%. La Autoridad Palestina fue la única voz árabe que se alzó en contra de unos acuerdos que la dejaban fuera de juego y que calificó de traición, pero ningún gobierno árabe se pronunció al respecto. Sí lo hicieron, y de manera contundente, Turquía e Irán, países islámicos, pero no árabes.

Donald Trump perdió las elecciones presidenciales de 2020 y, aunque no reconoció su derrota e impulsó un asalto al Parlamento que se parecía demasiado a un intento de golpe de Estado, no pudo evitar que el 20 de enero de 2021 su rival del partido demócrata, Joe Biden, fuese proclamado el 46 presidente de los EE. UU.

Ese mismo año, Benjamín Netanyahu tuvo que abandonar el poder debido a las varias acusaciones de corrupción que pesaban contra él, para regresar triunfante al año siguiente. En las elecciones anticipadas de noviembre de 2022, el candidato del Likud consiguió una holgada mayoría para formar gobierno con los partidos ultraortodoxos, Sionismo Religioso, Shas y Judaísmo Unido de la Torá, exponentes de una extrema derecha, más extrema y más derecha de lo que ya era la formación de Netanyahu, el Likud.

El 26 de febrero de 2023, cientos de colonos armados de palos, cuchillos, hachas y algún arma de fuego entraron de noche en las localidades de Huwara, Burin, Zatara y otras aldeas del norte de Cisjordania y durante horas incendiaron, saquearon, apalearon y dispararon contra los vecinos y sus propiedades: casas, vehículos, comercios... sin que nadie interviniese para detener un asalto que algunos medios israelíes calificaron de «pogromo» como los llevados a cabo en la Rusia zarista contra los judíos. El comandante en jefe del Mando Central, Yehuda Fuchs, habló de «incidente vergonzoso que lamentablemente su ejército no pudo contener». El «incidente» había causado un muerto, más de treinta heridos y decenas de casas y un centenar de coches incendiados; la afirmación de que el poderoso ejército israelí no pudo hacer nada para detenerlo resulta cuando menos peregrina. Porque no era la primera vez que ocurría y desde luego no fue la última, las razias de los colonos contra localidades palestinas se habían «normalizado», casi siempre con la colaboración del ejército israelí que, desplegado a pocos metros de distancia, observaba sin intervenir o, más grave aún, dispuesto a intervenir si algún vecino tenía la osadía de intentar defenderse y lanzar una piedra contra los asaltantes.

En ese clima de acoso y terror cotidiano, la debilidad de la Autoridad Palestina, su incapacidad para defender a su pueblo era evidente. También su falta de sintonía con el sentir de la población y su creciente aislamiento y desprestigio. Cuando no hay expectativas de solución pactada y todos los supuestos procesos de paz han terminado en fracaso, cuando la vía de la negociación se convierte en vía libre para el ocupante y la colonización del territorio palestino continúa imparable... Vuelve el recurso a la vía armada, aunque el término armado, en los territorios ocupados, significa tanto el fusil que exhibe orgullosamente el miliciano del Batallón de Yenín como las tijeras domésticas enarboladas por una adolescente que se lanza contra el soldado israelí. El llamado Batallón de Yenín —integrado por las Brigadas Ezzedin Al-Qassan de Hamás, Brigadas Al-Quds de la Yihad Islámica y Brigadas

Al-Aqsa de Al-Fatah— se convirtió en el bastión de una resistencia armada protagonizada básicamente por jóvenes decepcionados, airados, hartos... El viejo y nunca zanjado debate entre la vía diplomática y la vía armada adquiere también la forma de brecha generacional; un drama bastante común en el seno de muchas familias palestinas: padres, que quizá fueron guerrilleros en Jordania o en Líbano en los años 70 y 80, tratan de evitar que sus hijos adolescentes sigan sus mismos pasos y se alisten en una de los grupos armados de la resistencia. Saben que serán héroes para muchos, pero que al final serán héroes muertos.

A comienzos de 2025, el gobierno palestino decretó la suspensión temporal de las emisiones de *Al Jazeera* acusando a la cadena catarí de apoyar a grupos armados como las brigadas del Batallón Yenín e «incitar a las acciones violentas». La medida provocó un rechazo generalizado en todos los sectores, no solo Hamás, de la sociedad palestina. Seis meses antes, el gobierno israelí había tomado una medida semejante, lo que, para muchos, especialmente quienes apoyaban a la resistencia armada, era prueba de connivencia entre la AP y el ocupante. Mustafá Barguti, fundador, junto al gran intelectual palestino-estadounidense Edward Said, de la Iniciativa Nacional Palestina, una especie de tercera vía entre Hamás y Fatah que aboga por la resistencia no armada, pero más firme, a la Ocupación israelí, calificó la medida de inútil y totalmente equivocada:

> Si piensan que así protegen a la población de las represalias israelíes, se equivocan de pleno, el objetivo de Israel no son solo los grupos armados sino todos nosotros, toda Cisjordania y lo último que necesitamos ahora es a palestinos enfrentados a palestinos [39].

Por si hubiera alguna duda, el ministro de Seguridad Nacional del gobierno israelí, Ben Gvir, proclamaba en esos días su intención de desmantelar la Autoridad Palestina y anexionarse Cisjordania.

Pero no pasaba nada. Nada que mereciese un titular de prensa o un reportaje en los medios audiovisuales. Palestina no era tema de interés ni para los periodistas ni para los políticos occidentales. El nuevo presidente demócrata, Joe Biden, apenas rectificó algo de lo emprendido por su antecesor, mantuvo su embajada en Jerusalén y siguió proclamando su inquebrantable apoyo a Israel. Los únicos cambios fueron la vuelta de la Legación Diplomática de Palestina a Washington y la reanudación, aunque limitada, de la ayuda financiera a la UNRWA.

¿Y Europa? Pues Europa, fiel a su tradicional docilidad respecto a las decisiones de Washington, solo parecía interesarse por la guerra que, tras la invasión rusa de Ucrania, acababa de estallar en el país eslavo. El presidente Biden había hecho de la proclama «no negociar, hay que vencer», vencer a Rusia se entiende, el eje de su política exterior, y

---

39. Entrevista con *Al Jazeera* en inglés, 2/01/2025.

la Unión Europea se sumó de inmediato a esa idea: se aplicaron fuertes sanciones económicas, políticas y diplomáticas contra Rusia y se lanzó una campaña de ayuda militar a Ucrania, encabezada por EE. UU. y seguida con entusiasmo por sus aliados europeos. El argumento explícito era la necesidad de defender el derecho internacional frente a un agresor como el presidente Putin, lo cual resultaba muy encomiable si no fuera por las fundadas sospechas de que bajo las grandes y nobles consignas se escondían razones geoestratégicas no tan nobles, pero eso es ya otra historia. De cualquier modo, la comparación entre el caso ucraniano y el palestino resulta tan inevitable como esclarecedora: la legalidad internacional que se esgrime con carácter imperativo y urgente, para castigar a Rusia, viene siendo contumazmente violada por Israel desde hace décadas con la tolerancia, cuando no abierta complicidad, de Estados Unidos y Europa. Y no pasa nada.

Así se llegó al 7 de octubre de 2023.

UNA NUEVA NAKBA

Pronto no estaremos aquí para que nos veáis.
No importa si parpadeáis o no,
si podéis o no seguir de pie.
No cruzaréis ese río
para capturar más tierras,
porque os desvaneceréis en vuestro espejismo.
No podéis construir otra colonia sobre nuestras tumbas.
Y cuando expiremos,
nuestros huesos seguirán creciendo
hasta alcanzar y entrelazarse con las raíces de los olivos
y los naranjos, y bañarse en el dulce mar de Jaffa.
Un día volveremos a nacer cuando no estéis aquí.
Porque esta tierra nos conoce. Es nuestra madre.
Cuando expiremos, descansaremos en su vientre
hasta que se desvanezca la oscuridad.

Mosab Abu Toha[40]

EL ATAQUE DE HAMÁS

El ataque comenzó de madrugada con el lanzamiento de varias andanadas de miles de cohetes para provocar la bajada a los refugios de gran parte de los militares israelíes que vigilaban la zona fron-

40. Fragmento del poema «Letanía para una tierra», en Mosab Abu Toha, *Cosas que tal vez halles ocultas en mi oído. Poemas desde Gaza*, traducción de Joselyn Michele Almeida. Guadarrama: Ediciones del Oriente y del Mediterráneo, 2024.

teriza con Gaza. En las horas siguientes, cientos de milicianos de las Brigadas Ezzedin Al Qassen, brazo armado de Hamás, de la Yihad Islámica, de grupos no islamistas como el FPLP e incluso individuos no adscritos a ninguna milicia, montados en camiones, furgonetas, motocicletas, parapentes y algunos simplemente a la carrera asaltaron la valla que separa Israel de Gaza, consiguieron derribar puertas metálicas, abrir decenas de pasos a lo largo de la alambrada y penetrar en territorio israelí. Las divisiones del ejército que controlaban la zona quedaron desbordadas muy pronto, los asaltantes atacaron puestos militares, kibuzts, varias localidades y un festival de música que había concentrado a cientos de jóvenes en un espacio abierto cerca de la frontera con Gaza. Fue una atroz matanza como nunca había sufrido la sociedad israelí. Y una humillación para el ejército y los servicios secretos, las dos instituciones más valoradas en el país. Según la organización Human Rights Watch, el ataque causó 1195 muertos, 815 civiles, 36 de ellos menores, y 380 militares, y 250 personas fueron capturadas como rehenes. Aunque no todos los muertos lo fueron a manos de los asaltantes palestinos; según afirmaron varios rehenes liberados y algunos militares, el ejército israelí, siguiendo la llamada directiva Hanibal, que considera prioritario impedir la toma de rehenes, aunque implique no hacer distinción entre asaltantes y asaltados, bombardeó desde el aire casas y vehículos donde se encontraban ciudadanos israelíes refugiados o capturados.

Y surgió la inevitable pregunta: ¿Cómo ha sido posible? Gaza es una de las zonas más vigiladas del planeta, nadie entra ni sale, y se podría decir que nadie se mueve sin que el ejército y los servicios de seguridad israelíes lo sepan. En las zonas cercanas a la valla, despejadas de vegetación y edificaciones para facilitar la visión desde las torretas de vigilancia del ejército, se suele decir que si salta un conejo le disparan.

Según informaciones de la radio pública israelí, *Kan,* semanas antes de los ataques, los servicios de inteligencia habían advertido de los preparativos de Hamás y otros grupos palestinos para un gran asalto en territorio israelí y el secuestro de rehenes durante el mismo. También los servicios secretos egipcios habían alertado a sus colegas israelíes de que Hamás preparaba «algo grande». En un artículo publicado en *The New York Times* dos meses después del ataque, los periodistas Ronen Bergman y Adam Goldman, citando fuentes que califican de totalmente fiables, señalan que

> funcionarios israelíes obtuvieron el plan de combate de Hamás para el atentado terrorista del 7 de octubre más de un año antes de que ocurriera, según consta en documentos, correos electrónicos y entrevistas. Pero los funcionarios militares y de inteligencia israelíes desestimaron el plan por considerar que sería demasiado difícil para Hamás llevarlo a cabo … El documento de aproximadamente cuarenta páginas, denominado en clave «Muro de

> Jericó» por las autoridades israelíes, describía con exactitud y punto por punto una invasión devastadora como la que provocó la muerte de alrededor de 1200 personas[41].

El caso es que el ataque del 7 de octubre de 2023 cogió desprevenidos al ejército y a los todopoderosos servicios secretos israelíes. Un inexplicable error que algo tiene que ver con la actitud supremacista inherente al sionismo y a todo fenómeno colonial, la incapacidad de ver al otro o la costumbre de verlo bajo el prisma de la propia superioridad que minusvalora o simplemente ignora la capacidad de «los oprimidos y humillados» para rebelarse y hacer daño a quien los oprime y humilla. Sin duda esta es una idea demasiado incómoda para el gobierno israelí y desde el primer momento su departamento de comunicación y propaganda, la Hasbara, se empeñó en combatirla.

A las pocas horas de conocerse la matanza se acuñó una frase que se repitió a modo de consigna en los círculos diplomáticos y mediáticos próximos a Israel: «ha sido la mayor matanza de judíos desde el holocausto». Una manera no demasiado sutil pero muy eficaz de asimilar la matanza del 7 de octubre de 2023 al nazismo y al atávico odio a los judíos de los antisemitas y, de paso, borrar de un plumazo todo lo ocurrido antes de ese fatídico día. Pero las víctimas del letal ataque de Hamás no

41. *New York Times*, 1/12/2023.

lo fueron por ser judíos sino por ser israelíes, una distinción importante que cuestiona la pretensión, muy querida por la ideología sionista, de representar a todos los judíos del mundo y que sitúa el ataque de Hamás en el contexto de décadas de Ocupación, *apartheid,* bloqueo y violación cotidiana de los derechos humanos de la población palestina por parte de Israel. Cuando el secretario general de la ONU António Guterres señaló la obviedad de que el conflicto palestino-israelí no había comenzado el 7 de octubre de 2023, la desmesurada reacción del gobierno de Benjamín Netanyahu, pidiendo su dimisión y acusándolo de antisemita, fue buena muestra de hasta qué punto el gobierno israelí necesitaba borrar lo ocurrido antes del 7 de octubre para justificar lo que había decidido que iba a ocurrir después. Prohibido hablar de contexto histórico, de Ocupación y de derechos humanos. Prohibido recordar.

Pero, siempre hay alguien que no se somete al silencio impuesto. Veinticuatro horas después del asalto, cuando bulos como el de los cuarenta bebés decapitados por los terroristas de Hamás circulaban por medios de comunicación y redes sociales, cuando todo eran llamamientos a la venganza y a borrar Gaza del mapa, el periodista israelí Gideon Levi en un acto de extrema valentía, escribió en su columna del periódico *Haarezt:*

> Pensábamos que se nos permitía hacer cualquier cosa, que nunca pagaríamos un precio ni seríamos castigados por ello. Arrestamos, matamos, maltratamos, robamos, protegemos

a colonos masacradores, visitamos la Tumba de José, la Tumba de Otoniel y el Altar de Yeshua, todo en los territorios palestinos, y por supuesto visitamos el Monte del Templo. Disparamos a personas inocentes, les arrancamos los ojos y les destrozamos la cara, los deportamos, confiscamos sus tierras, los saqueamos, los secuestramos de sus camas, llevamos a cabo una limpieza étnica y mantenemos el asedio en Gaza. Pero todo va bien … Construimos una enorme barrera alrededor de la Franja, su estructura subterránea costó tres mil millones de shekels y estamos a salvo. Confiamos en los genios de la Unidad 8200 y los agentes del Shin Bet que lo saben todo y nos avisarán en el momento adecuado … Pero resulta que una excavadora antigua y primitiva puede superar los obstáculos más complejos y costosos del mundo con relativa facilidad, cuando existe un gran incentivo para hacerlo. He aquí que este arrogante obstáculo puede ser superado por bicicletas y motocicletas, a pesar de todos los miles de millones gastados en ello, y a pesar de todos los famosos expertos y contratistas que han ganado mucho dinero … Ayer, Israel vio imágenes que nunca había visto en su vida: vehículos militares palestinos patrullando sus ciudades y ciclistas de Gaza entrando por sus puertas. Estas imágenes deberían arrancar el manto de la arrogancia. Los palestinos en Gaza han decidido que están dispuestos a pagar cualquier cosa por un atisbo de libertad. ¿Hay alguna esperanza para eso? No. ¿Aprenderá Israel la lección? No. Ayer ya hablaban de aniquilar barrios enteros de Gaza, de ocupar la Franja de Gaza y de castigar a Gaza «como nunca se había castigado». Pero Israel lleva castigando a Gaza desde 1948, sin detenerse ni un momento. 75 años de abusos, y ahora le espera lo peor. Las amenazas de «aplanar Gaza» solo prueban una cosa: que no hemos aprendido nada…[42].

LA SOLUCIÓN FINAL

Que la respuesta de Israel sería terrible lo sabían todos, incluidos los dirigentes de Hamás, pero pocos imaginaban que sería la ocasión de desencadenar una campaña de exterminio para acabar de una vez por todas con el problema palestino, la causa palestina o simplemente la existencia palestina en Palestina. Una suerte de solución final al estilo de lo que los nazis diseñaron para acabar con el «problema judío»; se empieza catalogando la mera existencia de un pueblo de problema y se termina eliminando el problema mediante el exterminio de ese pueblo.

Y no pasa nada. La clave de la fuerza de Israel no está solo en el poderío de la maquinaria militar sino en la garantía de su impunidad.

«No entrarán alimentos, ni agua, ni combustible, no les llegará nada», dijo el ministro de

42. *Haarezt*, 8/10/2023.

defensa israelí, Yoav Galant, al anunciar, el mismo 8 de octubre, un asedio total a Gaza. Horas antes, Galant había calificado de «animales humanos» a la población de la Franja. Dos semanas después el número de muertos, en su mayoría mujeres y niños, superaba los 5000. Para entonces, la mayoría de los mandatarios occidentales, desde la presidenta de la comisión europea Ursula von der Leyen al presidente estadounidense Joe Biden, habían pasado por Tel Aviv para reafirmar el derecho de Israel a defenderse y su total apoyo al gobierno de Benjamín Netanyahu. El recurso al derecho de autodefensa ha sido siempre el argumento justificatorio de las operaciones militares israelíes incluso cuando el carácter ofensivo o directamente criminal de dichas operaciones sea evidente.

Hagamos un inciso, el derecho a la autodefensa que Israel como cualquier país del mundo tiene, no es sinónimo de derecho a la represalia, al ataque preventivo ni, menos aún, al castigo colectivo que, como el bombardeo de hospitales y escuelas, es siempre crimen de guerra. El derecho a la autodefensa no rige para una potencia ocupante en territorio ocupado y nunca puede justificar las violaciones de los derechos humanos que Israel, potencia ocupante, viene cometiendo desde hace décadas en los territorios palestinos ocupados.

El 17 de octubre, víspera de la visita del presidente estadounidense, Joe Biden, un misil israelí impactó en el hospital Al-Ahli de la ciudad de Gaza, causando la muerte de más de 500 personas, enfermos, heridos, personal médico y familias desplazadas que habían buscado refugio en los jardines del centro hospitalario. Un portavoz del ejército israelí reconoció en un primer momento la autoría del ataque para, horas después, cambiar de versión y afirmar que había sido un cohete de la Yihad Islámica el causante de la matanza. Es una vieja técnica de la manipulación informativa: para neutralizar el efecto negativo de una noticia, hay que sembrar dudas sobre su veracidad y así posponer su impacto en la opinión pública. Para los testigos del ataque, no había dudas respecto a su autoría. El ejército israelí había ordenado horas antes la evacuación del hospital con la amenaza de que sería bombardeado y el grado de destrucción causada por el impacto era propia de un misil de los utilizados por el ejército israelí, no de los rústicos cohetes de la Yihad. Aun así, la técnica manipulativa sirvió para «eximir temporalmente» de responsabilidad al gobierno israelí. Al día siguiente, el presidente estadounidense, Joe Biden, llegó a Israel, expresó su profunda tristeza por la terrible pérdida de vidas humanas provocada por la explosión en el hospital Al-Ahli y dijo, con una media sonrisa, a Netanyahu «parece que han sido los del otro lado, no tú». La banalidad de la frase y del tono con el que fue dicha, hace pensar en la obra de Hanna Arendt sobre la banalidad del mal.

La visita de Joe Biden terminó antes de lo previsto, el rey de Jordania y el presidente de la Autoridad Palestina suspendieron el encuentro que iban a tener con el presidente estadounidense al día siguiente en Ammán.

GENOCIDIO

Y la campaña continuó implacable. Sin excusas ni intentos de ocultar ya los crímenes de guerra y de lesa humanidad que día a día se mostraban al mundo: hospitales, ambulancias, escuelas, universidades, mezquitas e iglesias bombardeadas, el hambre como arma de guerra, el uso de armas prohibidas como las bombas de fósforo blanco en zonas residenciales y densamente pobladas, el asesinato selectivo de médicos, personal sanitario y periodistas, el desplazamiento forzado de cientos de miles de personas… «Es un genocidio de manual», dijo el alto funcionario de la ONU Craig Mokhiber en su carta de despedida de la organización por el «fracaso en Gaza». Aunque quizá quien lo expresó más claramente fue el primer ministro israelí, Benjamín Natanyahu, cuando en su discurso del 30 de octubre de 2023, se refirió al mandato bíblico de «exterminar a los amalecitas»: Y dice Yahve:

> darás muerte a los hombres, a las mujeres, a los ancianos, a los niños, a los recién nacidos, a los bueyes y corderos, a los camellos y burros, no dejarás con vida nada de lo que respira[43].

43. Libro de Samuel, cap 15, versículo 1.

Los amalecitas, se entiende, son los palestinos.

El 29 de diciembre de 2023, Sudáfrica presentó un caso ante el Tribunal Internacional de Justicia, acusando a Israel de incumplir sus obligaciones bajo la Convención sobre el Genocidio de 1948, en sus ataques en la Franja de Gaza. El 26 de enero de 2024, el Tribunal Internacional dictaminó que había indicios de genocidio y ordenó una serie de medidas cautelares mientras se desarrollase la investigación oficial. Meses después, el 21 de noviembre de 2024, el Tribunal Penal Internacional[44] emitió órdenes de arresto internacional contra el primer ministro de Israel Benjamín Netanyahu, el exministro de Defensa del país, Yoav Galant, y el líder del brazo armado de Hamás, Mohamed Deif, por los presuntos crímenes de guerra y contra la humanidad cometidos en la guerra de Gaza. En el dosier de la causa por genocidio contra Israel, figuran las menciones bíblicas al exterminio de las amalecitas utilizadas en los discursos de Benjamín Netanyahu y otros miembros de su gabinete.

Estados Unidos calificó de absurdas las acusaciones contra Israel y desafió abiertamente las medidas cautelares ordenadas. Nada de extrañar, teniendo en cuenta que Estados Unidos, al igual que Israel, nunca ha reconocido la autoridad del Tribunal Internacional de Justicia ni del Tribunal

44. El Tribunal Internacional de Justicia es el principal órgano judicial de la ONU y solo puede enjuiciar a Estados. El Tribunal Penal Internacional, con sede en la Haya, se rige por el estatuto de Roma y tiene competencia para juzgar a responsables de crímenes de guerra, de lesa humanidad y crímenes internacionales graves.

Penal Internacional. Más alarmante es, sin embargo, la reacción de varios países europeos, como Alemania, Italia, Reino Unido y Hungría, que desoyen abiertamente las órdenes de los tribunales de la ONU, poniendo así en peligro todo el entramado legal del derecho internacional y humanitario que, tras el horror de la II Guerra Mundial, se puso en marcha para, entre otras cosas, prevenir que operaciones de exterminio como el Holocausto pudieran volver a perpetrarse.

Ha tenido que ser un país africano cuyo pueblo padeció el crimen de lesa humanidad del *apartheid*, quien ha tenido la decencia y la valentía de presentar una acusación de genocidio contra Israel por lo que su ejército está haciendo en Gaza.

El 18 de febrero de 2024, el hospital Nasser de Jan Yunis, uno de los centros sanitarios más grandes del sur de Gaza, dejó de funcionar. El 19 de marzo el hospital Al Shifa, el más importante de toda la franja, que ya había sido atacado meses antes, quedó prácticamente destruido por un segundo bombardeo del ejército israelí. Eran unos de los últimos hospitales que aún quedaban operativos en toda Gaza. En un informe de la Oficina de Derechos Humanos de la ONU realizado a finales de 2024, se documentan 136 ataques a 27 hospitales y 12 instalaciones sanitarias y la muerte de al menos 500 miembros del personal sanitario a manos del ejército israelí. A final del año, todo el sistema hospitalario de Gaza estaba colapsado por los constantes bombardeos, la falta de material sanitario y el cerco del ejército israelí... Las cifras de la matanza eran ya abrumadoras, más de 130 periodistas muertos, muchos de ellos no en bombardeos indiscriminados sino «selectivamente», buscados y asesinados por su empeño, realmente heroico, en contar al mundo el genocidio de Gaza, 274 trabajadores de la agencia de Naciones Unidas, UNRWA, más de 6400 estudiantes y 300 docentes, asesinados. Y todas las universidades destruidas y la mayoría de las escuelas dañadas y convertidas en refugio para los cientos de miles de desplazados... Durante todo ese tiempo los intentos de alcanzar un acuerdo de alto el fuego fueron rechazados por Israel; y EE. UU. utilizó en dos ocasiones su derecho de veto para impedir que se aprobasen sendas resoluciones de alto el fuego. El argumento israelí es que aún no había terminado su tarea de acabar con Hamás.

UN NUEVO MAPA DE LA REGIÓN

En septiembre de 2024, horas antes de que un misil israelí acabara con la vida del líder de Hezbolá, Hasán Nasralá, el primer ministro de Israel se dirigió a la Asamblea General de la ONU mostrando dos mapas de la región de Oriente Próximo en los que había una ausencia notable: en ninguno de ellos aparecían los territorios palestinos, ni por supuesto el término Palestina.

No era la primera vez. Un año antes, también en la sede de la ONU, Netanyahu mostró un mapa titulado «El nuevo Oriente Medio», en el que

Gaza y Cisjordania habían desaparecido. Ni rastro de territorios palestinos. Toda mención a Palestina había sido borrada del mapa que el dirigente israelí mostraba al mundo. Dos semanas después, Hamás lanzó su letal ataque en el sur de Israel.

Aquel bulo de la «tierra sin pueblo» que negaba la existencia del pueblo de Palestina para justificar el expolio, la desposesión, la expulsión y el permanente acoso de ese «inexistente» pueblo, vuelve a cobrar vida, más de un siglo después, en manos de un primer ministro israelí, acusado de crímenes de guerra y genocidio por el Tribunal Penal Internacional, pero saludado como aliado privilegiado por EE. UU. y por la mayoría de los países europeos.

Aunque no todos, el 25 de mayo de 2024, Irlanda, Noruega, España y, cuatro días después, Eslovenia, reconocieron formalmente el Estado de Palestina. En la declaración institucional que anuncia dicho reconocimiento, se afirma que

> el Estado de Palestina debe ser viable; con Cisjordania y Gaza conectadas por un corredor y con Jerusalén Este como su capital ... No reconoceremos cambios en las líneas fronterizas de 1967 que no sean los acordados por las partes.

El reconocimiento del Estado de Palestina por España, Irlanda, Noruega y Eslovenia no cambia la situación de la población en Gaza, en Cisjordania y en Jerusalén Oriental, no detiene las expropiaciones, las deportaciones, la demolición de viviendas, los asaltos de los colonos, la atrocidad cotidiana de la Ocupación, el genocidio en Gaza; el reconocimiento del Estado de Palestina es un gesto sin efectos sobre el terreno, pero los gestos también importan. Básicamente, la importancia de este gesto es que dice: Palestina existe y lo reconocemos formal e institucionalmente. Palestina existe, aunque el primer ministro israelí la haya borrado de los mapas que muestra al mundo. Palestina existe incluso cuando la matan cada día.

Con la suma de los cuatro países europeos, el número de miembros de la ONU que reconocen el Estado de Palestina es 147, lo que supone una holgada mayoría en la Asamblea General pero muy poco en el equilibrio, más bien desequilibrio, de fuerzas del panorama internacional, pues no es la Asamblea General, el más democrático de los organismos de la ONU, la que decide, sino el Consejo de Seguridad en el que sus miembros permanentes: China, Francia, Rusia, Reino Unido y Estados Unidos tienen derecho de veto. El reconocimiento del Estado de Palestina por cuatro países europeos no cambia la situación de la población palestina en esos territorios en los que supuestamente debería asentarse su futuro Estado y en los que desde hace décadas, la Ocupación israelí ha instalado un régimen de *apartheid*, colonos con todos los derechos, población palestina sin derechos, mientras la colonización del territorio se expande sin freno. Por cierto, según el derecho internacional, todos los asentamientos israelíes en los territorios palestinos ocupados son ilegales y, en palabras del alto comisionado de las Naciones Unidas para los Derechos Humanos, Volker Türk:

> El hecho de que Israel traslade parte de su población al territorio que ocupa, constituye un crimen de guerra según la Convención de Ginebra.

A comienzos de julio de 2024, Israel decretó la mayor confiscación de tierras en Cisjordania desde hacía tres décadas. Una extensión de 12,7 kilómetros cuadrados al noreste de Ramala declarada «propiedad del Estado de Israel», lo que significa que esas tierras pueden ser arrendadas por ciudadanos israelíes, pero se prohíbe toda propiedad privada palestina en ellas.

El 31 de julio de 2024 Ismail Haniye, líder político de Hamás, fue asesinado en un ataque aéreo israelí contra el edificio donde se hospedaba en Teherán. El dirigente de Hamás se encontraba en la capital iraní para asistir a la toma de posesión de Masoud Pezeshkian como presidente de la República Islámica. Haniye era una figura clave en las conversaciones que, con el patrocinio de Catar, Egipto y EE. UU. estaban manteniendo Hamás e Israel para lograr un alto el fuego y la entrega de rehenes israelíes.

El 28 de agosto Israel lanzó una operación a gran escala en la ciudad de Yenín, uno de los bastiones de la resistencia en el norte de Cisjordania. Según un portavoz del ejército se trataba de una primera etapa de una operación mucho más amplia. Es decir, que ya no se iban a ir, que Yenín, Tulkarem y las localidades del norte de Cisjordania quedaban sometidas al cerco del ejército israelí con los consiguientes registros, detenciones, asaltos, demoliciones de viviendas... En octubre de ese año, el parlamento israelí aprobó la ley que prohíbe a la agencia de Naciones Unidas para los refugiados palestinos, UNRWA, operar en los territorios ocupados: Cisjordania, Gaza y Jerusalén oriental. Desde 1949, UNRWA es la columna vertebral de toda la ayuda humanitaria y sus escuelas son fundamentales para garantizar la enseñanza en los campos de refugiados palestinos. Es también, y por eso mismo, el organismo de la ONU que el gobierno israelí tiene especial empeño en liquidar.

El 17 y 18 de septiembre, los buscas y *walkie-talkies* de miembros y simpatizantes de Hizbulá explotaron en sus bolsillos, en sus manos, en sus casas, en medio de la calle, en el mercado...Fue todo un éxito de los servicios secretos israelíes, una especie de desquite de la humillación sufrida el 7 de octubre de 2023. Hubo treinta y siete muertos y más de tres mil heridos. La milicia libanesa había sido el principal, casi único, apoyo armado árabe a Hamás: su lanzamiento de cohetes en la frontera norte de Israel, la había convertido en un objetivo a destruir, casi tan importante como Hamás, para el gobierno israelí.

El 27 de septiembre el líder de Hizbulá, Hasán Nasralá, fue asesinado en un ataque aéreo del ejército israelí que llevaba días intentando acabar con él y bombardeando el barrio de Dahieh en las afueras de Beirut donde el máximo dirigente de la milicia libanesa tenía su cuartel general.

El 1 de octubre de 2024 Israel volvió a invadir el Líbano.

El ejército israelí ordenó la evacuación de unas veinticinco localidades del sur del país, y el gobierno libanés comunicó que más de un millón de personas habían sido desplazadas de sus hogares. Las imágenes de las interminables colas de personas huyendo hacia el norte se parecían mucho a las de las gentes de Gaza forzadas a huir, primero al sur, luego al centro, luego al sur otra vez… El 27 de noviembre se firmó un alto el fuego en Líbano. Los desplazados a uno y otro lado de la frontera podían volver a sus casas, aunque en el lado libanés, para muchos ya no había casa a la que volver, barrios enteros de las ciudades de Tiro y Sidón y de muchas otras localidades del sur del país, habían quedado reducidos a escombros.

El 5 de noviembre de 2024, Donald Trump ganó holgadamente las elecciones a la presidencia de EE. UU. Benjamín Netanyahu fue el primer mandatario en felicitarlo y calificó su victoria de «el mayor regreso triunfal de la historia». En las calles de Tel Aviv hubo celebraciones por el triunfo del «mejor amigo de Israel».

En los meses previos a la investidura de Donald Trump, con el presidente Biden aún en funciones, pero en vísperas de una salida no demasiado honrosa de la Casa Blanca, las negociaciones para alcanzar un alto el fuego en Gaza resultaron inesperadamente exitosas. Israel y Hamás firmaron un acuerdo que entre otras cosas establecía una primera etapa en la que cesarían los ataques israelíes, se abriría el paso a la entrada de ayuda humanitaria y se establecería un progresivo intercambio de prisioneros hasta completar la liberación de todos los rehenes israelíes. La segunda etapa hablaba de la retirada del ejército israelí de Gaza, de garantizar que Hamás no volvería al poder y de inversiones millonarias para la reconstrucción de lo destruido. Al anunciar el acuerdo, el secretario de Estado, Antony Blinken, dijo una frase que sonó a advertencia a Benjamín Natanyahu: «Israel tendrá que renunciar a su idea de colonizar Gaza». Demasiado esperanzador para ser creíble; como ya había ocurrido veinticuatro años antes con lo acordado en la cumbre de Taba bajo el patrocinio de un Clinton saliente, el acuerdo del alto el fuego llegó, cuando ni Blinken ni Biden pintaban ya nada y lo firmado bajo su patrocinio se convertiría en papel mojado con el nuevo presidente. Por si hubiera alguna duda, Benjamín Netanyahu y varios miembros de su gabinete lo manifestaron abiertamente: «no pararemos la guerra hasta acabar la tarea». La tarea es vaciar Gaza... Y después, Cisjordania.

El 18 de marzo de 2025, Israel, con el beneplácito del presidente estadounidense, Donald Trump, rompió el alto el fuego y retomó su campaña de exterminio: bombardeos masivos, cierre a la entrada de toda ayuda humanitaria, cerco por hambre, sed y enfermedad al estilo de los asedios medievales…

Pero un alto el fuego, por breve que sea, siempre salva vidas y, al menos durante un tiempo, las bombas dejaron de caer sobre Gaza, llegaban camiones con alimentos, agua, medicinas, combustible… Y entonces, las televisiones del mundo mostraron una imagen sorprendente: una interminable fila de gente, con el mar a un lado y un paisaje devastado por los bombardeos al otro, caminando por la carretera de la costa hacia el norte, hacia sus casas que ya no existían, hacia los lugares de su infancia, hacia el reencuentro con la familia, los amigos, los vecinos de los que habían quedado separados. La imagen de la resistencia palestina es esa inmensa cola de gente volviendo a casa. El poderoso vínculo de un pueblo con su tierra. Su inquebrantable voluntad de existir.

Este libro,
octavo de la colección
«Encuentros, serie COMUNICACIÓN
acabose de componer en Guadarrama
el 9 de abril,
aniversario del nacimiento
de Ghassan Kanafani,
escritor y activista palestino
asesinado por el Mosad en 1972.

ediciones del oriente y del mediterráneo, abril 2025
Prado Luis, 11
E-28440 Guadarrama (Madrid)
correo electrónico: info@orienteymediterraneo.com
web: www.orienteymediterraneo.com
Diseño de cubierta:
ediciones del oriente y del mediterráneo, a partir de
Gaza Peace (2021) de Heba Zagout, artista gazatí asesinada
junto a sus dos hijos el 13 de octubre de 2023
en un ataque aéreo del ejército israelí.
Impreso en España

Negar la existencia del pueblo de Palestina fue premisa fundamental del movimiento sionista que pretendió no solo ocultar su existencia sino hasta el recuerdo de que había existido. Pero lo que existe deja huella. Este libro muestra fotografías que son huellas de aquella existencia que se quiso borrar. No es un ejercicio de nostalgia, sino de afirmación. Con fotografías contra el olvido.

Cosas que tal vez halles ocultas en mi oído recoge los poemas escritos durante los asedios que Gaza sufrió desde 2001 (2008, 2012, 2014, 2021). Su poesía se enraíza en la historia de Palestina antes y después de la Nakba de 1948, vivida por la familia de Abu Toha y transmitida de una generación a otra

Abu Toha ha detallado el secuestro y la tortura que sufrió a manos del ejército israelí junto a otros cuatrocientos palestinos en noviembre de 2023 cuando se dirigía con su mujer y sus hijos al paso de Rafah, después de que Estados Unidos autorizara su salida. El clamor internacional de colegas, el PEN International, *The New Yorker* y el activismo digital de sus lectores lograron su liberación.

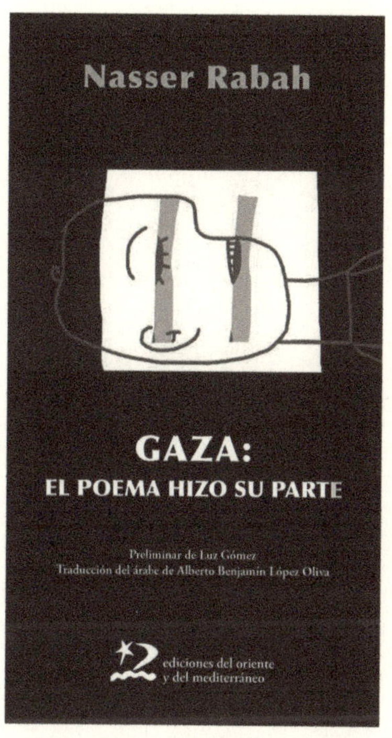

El presente poemario es una antología de las últimas obras de Nasser Rabah. El poeta, a pesar de las bombas y la aniquilación, prosigue su búsqueda del poema autónomo, universal, que todo poeta pretende. Los nueve poemas finales del presente libro, fechados entre noviembre de 2023 y junio de 2024, pertenecen a la poesía del genocidio, responden en la voz de Rabah a esta nueva dimensión de la tragedia palestina, cuyas consecuencias humanas y literarias quedan fuera de toda previsión.